INTERPRETATIONSHILFE ENGLISCH

Margaret Atwood

The Handmaid's Tale

Interpretiert von Christoph M. Peters

STARK

Bildnachweis:
S. 4: © Ullsteinbild
S. 19, S. 49: © Cinetext
S. 46: © www.sxc.hu/John de Boer
S. 55: © www.photocase.com/Medienarbeiter
Umschlag: © www.gimmestock.com/Aaron Kohr

ISBN 13: 978-3-89449-860-3
ISBN 10: 3-89449-860-9

D-85318 Freising · Postfach 1852 · Tel. (08161) 1790

Inhalt

Autor: Dr. Christoph M. Peters

Vorwort

Liebe Schülerinnen, liebe Schüler,

diese Interpretationshilfe erleichtert Ihnen den Zugang zu *The Handmaid's Tale* von Margaret Atwood und bietet Ihnen die Möglichkeit, sich gezielt auf den Unterricht, Klausuren und das Abitur vorzubereiten.

Der erste Teil enthält Informationen über **Leben und Werk der Autorin**. Daran schließt sich eine detaillierte **Inhaltsangabe** an. Im Mittelpunkt des Buches stehen **Textanalyse und Interpretation**. Neben einer gründlichen Untersuchung der **Figuren** werden auch **Form und Erzählstruktur** sowie **Sprache und Symbole** analysiert. Zusätzlich zu Informationen zur zentralen **Thematik** finden Sie ausführliche **Interpretationen von Schlüsselstellen**. Ein **Vergleich** von *The Handmaid's Tale* mit *Nineteen Eighty-Four* von George Orwell stellt grundlegende Gemeinsamkeiten der beiden Werke heraus und hilft bei einer vergleichenden Analyse dieser beiden Werke. Ausgewählte **Literaturhinweise** bieten Anregungen zur weiteren Arbeit am Roman.

Viel Erfolg bei der Vorbereitung auf den Unterricht und das Abitur!

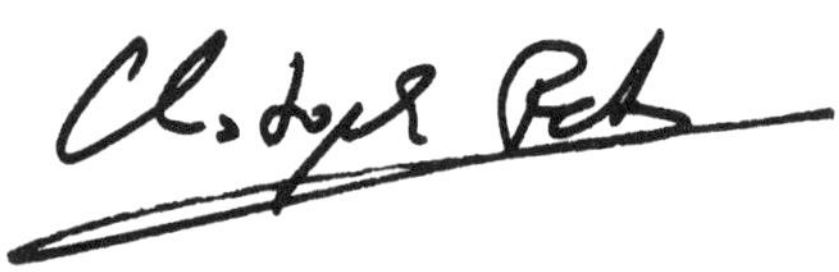

Dr. Christoph M. Peters

Einführung

In *The Handmaid's Tale* entwirft Margaret Atwood ein Horrorszenario. Auf dem Gebiet der heutigen USA existiert die „Republik von Gilead", eine religiös begründete Diktatur, deren Gesellschaft straff hierarchisch aufgebaut und durch unterschiedlich farbige Kleidung in klar abgegrenzte Gruppen unterteilt ist. Die Frauen sind den Männern untergeordnet und völlig entrechtet. Da nukleare und chemische Katastrophen die Fruchtbarkeit der Bevölkerung massiv beeinträchtigt haben, ist Gilead vom Aussterben bedroht. Durch Zwangsverpflichtung gebärfähiger Frauen versucht das Regime diese Gefahr abzuwenden. Diese *Handmaids* werden hochrangigen Offizieren allein zum Zweck der Fortpflanzung zugeteilt.

Atwood greift – vor allem religiöse – Entwicklungen in den USA aus den 1970er und 1980er Jahren auf. Sie schreibt diese Tendenzen fort und steigert sie dabei ins Extreme, um auf die möglichen Gefahren aufmerksam zu machen: "*Nineteen Eighty-Four* was written not as science fiction but as an extrapolation of life in 1948. So, too, *The Handmaid's Tale* is a slight twist on the society we have now."[1] Diese als Extrapolation bezeichnete Technik ist typisch für negative Zukunftsentwürfe in der Literatur. Dabei werden auf der Grundlage aktueller Prozesse Prognosen bezüglich möglicher Entwicklungen in der Zukunft entworfen.

Es wird aus der Perspektive der *Handmaid* Offred erzählt. Die gewählte Erzählperspektive bietet dem Leser viele Identifikationsmöglichkeiten mit der Hauptfigur und Erzählerin Offred.

The Handmaid's Tale spricht zahlreiche Fragen an, die von existenzieller Bedeutung sind. Aus diesem Grunde hat der Roman auch zwei Jahrzehnte nach seinem Erscheinen nichts an

Aktualität eingebüßt. Einer der zentralen Gesichtspunkte ist das Spannungsverhältnis von Individuum und Gesellschaft. Wie kann der einzelne Mensch unter den Bedingungen in Gilead seine Individualität bewahren? Was kann er dagegen tun, in der allgemeinen Vermassung unterzugehen? Dies sind Fragen, die auch in unserer Gesellschaft von Bedeutung sind, denn auch hier sind beispielsweise Prozesse der Anonymisierung zu beobachten. Darüber hinaus will Atwood die Aufmerksamkeit der Leser für problematische Entwicklungen im religiösen Bereich schärfen. Die Gefahr der Vereinnahmung und des Missbrauchs der Religion durch Politik und Ideologien ist etwas, das wir nicht aus dem Blick verlieren dürfen.

In diese Richtung weist auch das Nachdenken über die Frage, wie es überhaupt zu einer Diktatur wie in Gilead kommen kann. Dies bedeutet auch, dass der Leser aufgerufen ist, mögliche Fehlentwicklungen im eigenen Staat sehr früh zu beobachten. *The Handmaid's Tale* legt besonderes Gewicht auf die feministische Perspektive, ohne jedoch Frauen ausschließlich in der Opferrolle zu präsentieren. Sie haben gleichfalls Anteil an der Entwicklung, ebenso wie es auch männliche Figuren gibt, die sich nicht an der Unterdrückung der Frauen beteiligen, sondern ihnen im Gegenteil sogar helfen.

Biografie

Margaret Atwood would like to clear a few things up from the start. She is not a murderer (this in spite of writing as a murderer in Alias Grace). She was not bullied to within an inch of her existence by her childhood best friend (unlike the narrator of Cat's Eye). She is not a femme fatale about to steal your man (The Robber Bride), she does not have an eating disorder (The Edible Woman), and she is not a woman whose lover committed suicide (Life Before Man), nor a woman searching for her lost father (Surfacing). People often think she lives the lives of the characters in her books, she says. But they are not her.[2]

Dieses Zitat verdeutlicht in prägnanter Weise die große Bandbreite des literarischen Schaffens von Margaret Atwood und ist zugleich eine Mahnung an den Leser, die Autorin nicht mit den von ihr geschilderten Figuren gleichzusetzen. Atwood zählt zu den bekanntesten und bedeutendsten kanadischen Autorinnen und Autoren der Gegenwart. Ihre Werke, für die sie zahllose Preise erhalten hat, sind in mehr als zwanzig Sprachen übersetzt worden. Sie ist nicht nur als Romanschriftstellerin aktiv, sondern verfasst ebenfalls Gedichte und Kinderbücher. Außerdem beschäftigt sie sich als Kritikerin mit Literatur und hat mehrere Sammlungen literarischer Werke von anderen Autoren herausgegeben.

Atwood greift auf viele Gattungen zurück. So benutzt sie beispielsweise Elemente aus Märchen, Spionagethrillern, romantischen Erzählungen, Utopien, fiktiven Autobiographien oder der *Gothic Novel*, dem englischen Schauerroman des 19. Jahrhunderts. Sie setzt sich mit zahlreichen Themen auseinander, wobei eine eindeutige feministische Schwerpunktsetzung erkennbar ist – "Atwood's work has been regarded as a barometer of feminist thought."[3] Sie widmet sich häufig den Geschlechterrollen und damit zusammenhängenden Machtfaktoren sowie Begrenzungen. Opfer spielen oftmals eine Rolle in ihren Werken. Hier ist interessant, dass die Opfer immer auch in der Rolle von Tätern auftreten – wie auch in *The Handmaid's Tale*. Familienkonflikte, Mutter-Tochter-Beziehungen und emotionale Lähmung sind weitere Aspekte. Darüber hinaus problematisiert Atwood den Erzählprozess selbst:

> *What would happen if we heard the stories of marginalized, usually silent people, especially women? What stories do women tell about themselves? What happens when their stories run counter to literary conventions or society's expectations? What factors limit or enhance their storytelling? [...] Can storytelling be liberating?*[4]

Margaret Eleanor Atwood wurde am 18. November 1939 in Ottawa als zweites von drei Kindern geboren.[5] Ihr Vater war Insektenforscher. Er lehrte während der Wintermonate in verschiedenen Städten und betrieb während der Sommermonate Feldforschung in der Natur. Atwoods frühe Kindheit war somit aufgeteilt zwischen den Aufenthalten in der Stadt und der

Wildnis. Die Erlebnisse in der freien Natur verarbeitete sie später in der Kurzgeschichtensammlung *Wilderness Tips* (1991). Ihre Eltern, Carl und Margaret Atwood, entsprachen nicht den gängigen Rollenklischees. Dies bezeichnet Atwood selbst als hilfreich für ihr späteres Leben: "They also weren't much interested in what the sociologists would call rigid sex-role stereotyping. This was a help to me in later life."[6]

1946 übernahm ihr Vater eine Professur an der Universität von Toronto, sodass sich die Familie dauerhaft dort niederließ. Von 1952 bis 1957 besuchte sie die Leaside High School. Anschließend studierte sie vier Jahre lang Englisch am Victoria College der Universität Toronto. Im Jahr ihres Abschlussexamens veröffentlichte Atwood ihren ersten Gedichtband *Double Persephone*. Dieses in Eigenregie gedruckte Werk wurde mit der E. J. Pratt-Medaille ausgezeichnet. Danach studierte sie als Stipendiatin in Harvard (1961/1962). Ihren anschließenden Promotionsstudiengang unterbrach sie für zwei Jahre. Während dieser Zeit arbeitete sie für ein Marktforschungsinstitut in Toronto und unterrichtete englische Literatur an der Universität von British Columbia. Danach nahm sie die Studien in Harvard wieder auf, stellte ihre Doktorarbeit jedoch nie fertig. Während ihres zweiten USA-Aufenthaltes veröffentlichte sie einen weiteren Gedichtband, *The Circle Game* (1966), der mit dem höchsten Literaturpreis Kanadas ausgezeichnet wurde, dem *Canadian Governor General's Award for Poetry*.

Erscheint Atwoods Karriere im Rückblick als geradezu logisch, so waren die Startbedingungen alles andere als positiv:

> *The one good thing to be said about announcing yourself as a writer in the colonial Canadian fifties is that nobody told me I couldn't do it because I was a girl. They simply found the entire proposition ridiculous. Writers were dead and English, or else extremely elderly and American; they were not sixteen years old and Canadian.*[7]

Die politischen und gesellschaftlichen Rahmenbedingungen haben von Anfang an Atwoods literarisches Schaffen beeinflusst, wie sich die Autorin immer auch als politische Schriftstellerin verstanden hat. Dies zeigt sich beispielsweise an ihrem Engagement in der *Canadian Civil Liberties Association*, im P.E.N.[8] und bei Amnesty International. Darüber hinaus sagt sie es auch selbst:

> *Traditionally the novel has been used not only as a vehicle for social commentary but as a vehicle for political commentary as well. The novelist, at any rate, still sees a connection between politics and the moral sense.*[9]

Der Beginn ihres Schaffens fällt zusammen mit einem Wiederaufleben des kanadischen Nationalismus und dem Erstarken der feministischen Bewegung. Später griff sie beispielsweise Gefahren des religiösen Fundamentalismus auf (*The Handmaid's Tale*, 1985). Auch in ihrem bislang vorletzten Roman, *Oryx and Crake* (2003), widmete sie sich wieder aktuellen Problemen wie der Umweltzerstörung und der Gentechnik.

Im Jahre 1967 heiratete Atwood James Polk. Bereits sechs Jahre später wurde die Ehe geschieden. Seit dieser Zeit lebt Atwood mit dem Schriftsteller Graeme Gibson zusammen. 1976 wurde ihre Tochter Eleanor Jess Atwood Gibson geboren. Atwood hat im Laufe der Jahre an verschiedenen Universitäten gelehrt. Außerdem verbrachte sie einige Zeit in Schottland (1978/1979) sowie in England und Deutschland (1983/1984).

Ihren ersten Roman, *The Edible Woman*, veröffentlichte Atwood 1969. Sie hinterfragt in diesem Roman die Konventionen romantischer Literatur, der Ehe, aber auch der Werbewelt. Marian, die Hauptfigur, erkennt, dass Frauen als Konsumgüter wahrgenommen werden. In diese Zeit fällt auch die Publikation ihrer ersten literaturkritischen Arbeit. *Survival. A Thematic Guide to Canadian Literature* (1972) stieß nicht auf ungeteiltes Lob, da sie den kanadischen Autoren vorhält, immer noch der unterwürfigen Mentalität kolonial geprägter Literatur verhaftet zu sein.

Auch in ihren neueren Werken geht Atwood auf ein breites Themenspektrum ein. *Alias Grace* (1996) schildert das Schicksal der Grace Marks, die 1843 für die Ermordung ihres Arbeitgebers und dessen Haushälterin verurteilt wurde und nahezu 30 Jahre lang im Gefängnis inhaftiert war. Auf den ersten Blick scheint dieser Roman, der auf einer wahren Begebenheit beruht, aus dem Rahmen zu fallen. Doch es zeigt sich schnell, dass Atwood auch hier wieder auf ihre zentralen Themen eingeht:

> *[...] the Gothic, victims and victimization, the slipperiness of identity, doubling of characters and plot, the complexities of sexual politics, the protagonist's imprisonment [...], the vexed questions of sanity and insanity, narrative authority, the protagonist as trickster/storyteller, and the teller's control of her story.*[10]

Für *The Blind Assassin* (2000) erhielt Atwood den *Booker*-Preis, die wichtigste Literaturauszeichnung Großbritanniens. In diesem kunstvoll verschachtelten Roman blickt die Erzählerin Iris Chase auf ihr Leben und die Geschichte ihrer Familie zurück. Die Handlung umspannt nahezu das gesamte 20. Jahrhundert. Der von Atwood als „speculative fiction“ klassifizierte Roman *Oryx and Crake* (2003) spielt in der nahen Zukunft. Er zeichnet die Entwicklung einer Dreiecks-Liebesbeziehung vor dem Hintergrund der von den Menschen nahezu völlig zerstörten Welt. Einen spezifisch feministischen Schwerpunkt wählt Atwood für ihr bislang letztes Werk. *The Penelopiad* (2005) greift die Geschichte von Homers Odyssee auf, ändert jedoch den Blickwinkel in radikaler Weise. Als Erzähler fungieren Penelope, die Frau des Odysseus, und ihre zwölf gehängten Mägde. Für Atwood stehen dabei zwei Fragen im Mittelpunkt: “What led to the hanging of the maids, and what was Penelope really up to?”[11]

The Handmaid's Tale, so kann man als Fazit festhalten, fügt sich nahtlos in das Gesamtwerk Atwoods ein. Der Roman bringt viele der für sie zentralen Themen zur Sprache.

Inhaltsangabe

Part I (Seite 11–14)

Offred, deren Namen wir erst später kennen lernen, beschreibt hier das *Rachel and Leah Reeducation Centre* – von den *Handmaids Red Centre* genannt. Die Frauen, die hier als *Handmaids* ausgebildet werden, schlafen in einer ehemaligen Turnhalle auf Feldbetten und dürfen sich nicht unterhalten. Sie werden von *Aunts* beaufsichtigt, die mit elektrischen Schlagstöcken ausgestattet sind. Zweimal am Tag können die Frauen zu zweit um das ehemalige Fußballfeld gehen, das von einem Zaun mit Stacheldraht umgeben ist. Außerhalb des Geländes stehen Wachen, die sogenannten *Angels*.

Part II (Seite 15–43)

Nun befindet sich Offred in ihrem Zimmer im Hause des *Commander*. Sie beschreibt sehr detailliert den Raum, aus dem alles entfernt wurde, mit dem man sich verletzen oder gar umbringen könnte, sowie ihre rote Tracht. Sie ist völlig isoliert und wünscht sich, mit Rita und Cora, den Haushaltshilfen, sprechen zu können. Doch diese *Marthas* dürfen keine Beziehungen zu *Handmaids* aufbauen. Offred begibt sich auf den täglichen Einkaufsgang und befürchtet, im Garten auf Serena Joy, die Frau des *Commander*, zu treffen. Serena war früher eine Gospelsängerin und hat die Entwicklung hin zum Staat Gilead massiv unterstützt, ist nun aber auf ihre Rolle als Ehefrau zurückgeworfen. Im Rückblick berichtet Offred von ihrer ersten kühlen Begegnung, bei der Serena an der Hierarchie und der Aufgabe Offreds keinen Zweifel gelassen hat. Zudem ist klar geworden, dass Serena die neue *Handmaid* ablehnt.

Vor dem Haus sieht Offred Nick, den Fahrer des *Commander*. Er pfeift ihr nach und verstößt so klar gegen das Gesetz. Sie reagiert jedoch nicht darauf. Zum Einkaufen geht sie zusammen mit Ofglen, da *Handmaids* immer nur zu zweit unterwegs sein dürfen. In ihrem Gespräch halten sich beide streng an die Regeln, da sie immer befürchten müssen, von der anderen denunziert zu werden. Auf ihrem Weg zu den Geschäften passieren sie die nahezu menschenleere Stadtmitte. Als Zahlungsmittel dienen Gutscheine, auf denen die jeweiligen Waren abgebildet sind. Lesen und Schreiben ist den Frauen in Gilead verboten. Die Versorgungslage ist abhängig vom Verlauf des Krieges, den Gilead auf dem Gebiet der heutigen USA gegen religiöse Gegner führt. In einem der Läden sieht Offred Janine, eine andere *Handmaid*, die ihren schwangeren Bauch stolz zur Schau stellt. Janine müsste wegen des fortgeschrittenen Stadiums ihrer Schwangerschaft nicht mehr selbst einkaufen gehen. Auf dem Rückweg begegnen die beiden einer Gruppe japanischer Touristen, von denen sie wie exotische Tiere angestarrt werden. Sie gehen an einer ehemaligen Kirche vorbei, die jetzt als Museum dient, und bleiben vor einer Mauer stehen, an der zur Abschreckung die Leichen exekutierter Männer hängen – oftmals Ärzte, die in früherer Zeit Abtreibungen durchgeführt haben und nun rückwirkend bestraft werden. Offred ist froh, dass ihr Mann Luke nicht unter den Toten ist. In den Anfängen Gileads wurde sie gewaltsam von ihm getrennt und hat seit dieser Zeit keinen Kontakt mehr zu ihm.

Part III (Seite 45–50)

Nachts liegt Offred oft wach und blickt auf ihr früheres Leben zurück. Sie erinnert sich an Begebenheiten aus ihrer Kindheit und aus ihrer Studienzeit. So ist ihr zum Beispiel jener Tag im Gedächtnis geblieben, an dem ihre Mutter mit einigen anderen Pornomagazine öffentlich in einem Park verbrannte. Auch Offred durfte ein Heft in die Flammen werfen. Außerdem denkt sie mit Wehmut an ihre Tochter, die ihr weggenommen wurde.

Part IV (Seite 51–76)

Auf dem Rückweg vom Einkaufen scheint es so, als ob Ofglen etwas zu Offred sagen möchte. Sie geht dann aber weiter, als sie Nick sieht, der Offred anspricht und damit erneut gegen die Regeln verstößt. Vor ihrem Zimmer sieht Offred den *Commander*, der dort nicht sein darf und bei ihrem Erscheinen weggeht. Ihren Raum hat Offred minutiös untersucht und sich die einzelnen Flächen sehr genau eingeteilt. Bei ihrer Untersuchung hat sie in einer Ecke des Schrankes die lateinischen Wörter „Nolite te bastardes carborundorum“[12] entdeckt, die sie zwar nicht versteht, die ihr aber gleichwohl das Gefühl der heimlichen Verbundenheit mit ihrer Vorgängerin vermitteln.

Die Erkenntnis, dass vor ihr jemand anderes in diesem Raum gelebt hat, lenkt Offreds Gedanken auf die Hotelzimmer, in denen sie sich regelmäßig mit Luke getroffen hat. Sie kennt noch jedes Detail der Räume. Diese Treffen erstreckten sich über zwei Jahre, da Luke sich erst nach diesem Zeitraum von seiner ersten Frau scheiden lassen und Offred heiraten konnte. Offred erinnert sich, mit wie viel Abscheu Aunt Lydia im *Red Centre* von Frauen vergangener Tage erzählt hat, die im Bikini Sonnenbäder nahmen. Zudem denkt sie an eine Dessousparty aus ihrer Studienzeit. Ihre Freundin Moira hatte sie veranstaltet, um zu Geld zu kommen. Dabei hatten sie die Studenten, die über Leitern in das Studentinnen-Wohnheim zu gelangen versuchten, mit Wasserbomben beworfen.

Offreds Frauenarzt bietet ihr bei einer der monatlichen Untersuchungen seine „Hilfe“ an, das bedeutet, dass er Geschlechtsverkehr mit ihr haben möchte, damit sie auf diese Weise vielleicht schwanger werden kann. Vom *Commander* ist sie bislang noch nicht schwanger geworden und ihr steht nicht mehr viel Zeit zur Verfügung. Offred lehnt dieses Angebot vorsichtig ab – eine zu deutliche Antwort hätte den Arzt verärgern können, der ihr durch falsche Diagnosen sehr schaden könnte. Wenn er ihr beispielsweise Unfruchtbarkeit bescheinigte, würde sie mit großer Wahrscheinlichkeit auf eine der Kolonien deportiert, wo ihr ein qualvoller Tod drohen würde.

In der Badewanne denkt Offred an ihre Tochter, die sie sich oft als Geist vorstellt. Die konkreten Erinnerungen an sie schwinden immer mehr, zumal Offred sie seit nunmehr drei Jahren nicht gesehen hat. Von ihrem Abendessen, das sie wie alle anderen Mahlzeiten vollständig aufessen muss, versteckt sie ein Stück Butter in ihrem Schuh, um sich später damit einzucremen. Handcremes oder Pflegelotion gibt es nicht mehr.

Part V (Seite 77–85)

Nach dem Abendessen ruht Offred und denkt dabei wieder an die Vergangenheit. Sie erinnert sich an Moiras Ankunft im *Red Centre* und berichtet darüber im Präsens. Auch wenn die Tatsache, dass sie nun auch im *Red Centre* ist, für Moira sehr negativ ist, so fühlt Offred sich doch glücklich, ihre beste Freundin in der Nähe zu haben – ungeachtet der Tatsache, dass ungestörte Gespräche nahezu unmöglich sind. Einzig einige geheime Treffen auf der Toilette geben ihnen die Gelegenheit, für wenige Minuten miteinander zu sprechen. Bei einer der *Testifying* genannten Sitzungen erzählt Janine von ihrer Vergewaltigung mit 14 und der anschließenden Abtreibung. Offred und alle anderen beschimpfen sie als die Schuldige, da sie die Täter dazu verleitet habe.

Im Traum durchlebt Offred Teile ihrer gescheiterten Flucht: Wegen ihrer Tochter kann sie nicht schnell genug wegrennen.

Part VI (Seite 87–110)

In Serenas Wohnzimmer versammeln sich alle Haushaltsmitglieder zur monatlichen Gebetszeremonie. Offred muss auf dem Boden vor Serenas Sessel knien, die beiden *Marthas* Rita und Cora sowie Nick stehen hinter ihr. Letzterer berührt immer wieder heimlich mit seinen Schuhen ihre Füße. Bevor der *Commander* kommt, schaltet Serena kurz den Fernseher ein. Es sind Nachrichten über den Fortgang der Kampfhandlungen zu sehen. Der *Commander* liest allen aus dem Alten Testament vor. Er allein darf die weggeschlossene Bibel öffnen. Wieder hat Offred zahlreiche Erinnerungen. Sie hat zusammen mit ihrem Mann gefälschte Ausweise gekauft. Für die Fahrt über die Grenze nach Kanada nehmen sie nur wenige Sachen mit, um keinen Verdacht zu erwecken. Im *Red Centre* hat Moira – gegen den dringenden Rat Offreds – eine Krankheit vorgetäuscht, um auf der Fahrt ins Krankenhaus entkommen zu können. Sie wird jedoch kurze Zeit später zurückgebracht und brutal bestraft: Die *Aunts* schlagen ihr mit Stahlkabeln auf die Füße, da diese für die Aufgabe der *Handmaids* – Kinder zu gebären – nicht von Bedeutung sind.

An das gemeinschaftliche Gebet schließt sich die Befruchtungszeremonie an, während derer Offred mit entblößtem Unterleib, ansonsten aber voll bekleidet, auf Serenas Schoß liegt und der *Commander* den Geschlechtsakt mit Offred vollzieht. Nach dem Samenerguss verlässt er wortlos den Raum, es ist kein anderer Kontakt zwischen ihm und seiner *Handmaid* erlaubt. Serena schickt Offred sofort weg, obwohl diese eigentlich noch einige Minuten ruhen sollte, um die Befruchtungschancen zu erhöhen. In der folgenden Nacht kann Offred nicht schlafen. Sie schleicht leise in Serenas Wohnzimmer, um dort etwas zu stehlen, das sie bei sich verstecken könnte. Der Reiz eines solchen Diebstahls liegt nicht allein darin, etwas Verbotenes zu tun. Sie besäße dann auch etwas, was sie vor den anderen verbergen könnte. Die Kenntnis dieses Geheimnisses empfindet sie als ein

Stück Unabhängigkeit, das ihre totale Unterwerfung auflockern würde. Diese Veränderung würde sich natürlich nur in ihrem Kopf abspielen. Sie spürt die Anwesenheit einer anderen Person: es ist Nick. Die beiden küssen sich spontan und können sich nur mühsam davon abhalten, weiter zu gehen. Nick richtet Offred aus, dass der *Commander* sie am nächsten Abend in seinem Zimmer sehen möchte. Dieser Wunsch des *Commander* bedeutet einen krassen Verstoß gegen die Vorschriften.

Part VII (Seite 111–116)

In ihrem Bett denkt Offred an eine Liebesnacht mit Luke zurück. Sie war zu diesem Zeitpunkt bereits schwanger. Sie weiß nichts über Lukes Schicksal seit dem Zeitpunkt der gescheiterten Flucht. Sie versucht an drei Szenarien zu glauben, damit sie von der Realität nicht überrascht werden kann: Luke liegt tot am Ort ihrer Verhaftung, er ist im Gefängnis, er hat es geschafft, unversehrt die Grenze zu überqueren.

Part VIII (Seite 117–150)

Bei ihrem Frühstück wird Offred vom nahenden *Birthmobile*, dem Geburtsmobil, unterbrochen, das alle *Handmaids* einsammelt und zum Hause des *Commander* von Ofwarren bringt. Heute ist der Tag der Geburt. Auf der Fahrt erinnert sich Offred an weitere Begebenheiten im *Red Centre*. Aunt Lydia zeigte den Frauen eine Statistik über die Entwicklung der Geburtenrate: Aufgrund der weitgehenden Verseuchung durch Radioaktivität und Umweltverschmutzung kann die Zahl gesunder Babys die Zahl der Toten nicht mehr kompensieren, die Bevölkerung von Gilead droht auszusterben. Neben Statistiken wurden im *Red Centre* auch oft Filme zur Belehrung der *Handmaids* eingesetzt. Sie zeigten Szenen aus der Zeit vor Gilead und dienten ausschließlich der Abschreckung. In einem dieser Filme erblickt Offred ihre Mutter, die sich an einer Demonstration für das

Recht auf Abtreibung beteiligte und damit in den Augen der *Aunts* zu den *Unwomen* zählt. Diese Gedanken wiederum lassen in Offred Erinnerungen an Gespräche mit ihrer Mutter aufleben. Außerdem muss sie jetzt an eine der zahlreichen Auseinandersetzungen denken, die diese mit Luke hatte.

Am Ziel angekommen, geht Offred mit den anderen Frauen aus dem *Birthmobile* in das Schlafzimmer der Ehefrau. Ofwarren, vormals Janine, liegt im Bett, während zahlreiche *Handmaids* auf dem Boden sitzen. Sie unterstützen den Geburtsprozess mit gemeinsamem rhythmischen Sprechen. Obwohl sie nicht schwanger sind, erleben sie viele Symptome von Schwangeren wie das Anschwellen der Brüste oder körperliche Schmerzen. Sie befinden sich in einem tranceähnlichen Zustand. Die Ehefrauen der *Commander* haben sich ebenfalls versammelt. Bei Wein, Kaffee und Kuchen vollziehen sie ihre eigene bizarre Zeremonie: Die Frau von Ofwarrens *Commander* liegt in einem weißen Nachthemd auf dem Boden, zwei andere *Wives* massieren ihren Bauch, so als ob sie bald ein Kind gebären werde. Die Geburt selbst wird auf dem Geburtsstuhl durchgeführt – ohne jegliche Medikamente oder Betäubung. Ofwarren sitzt vorne, hinter ihr etwas erhöht die Frau des *Commander*. Zur allgemeinen Freude ist das Mädchen, das Ofwarren zur Welt bringt, augenscheinlich gesund, also kein *Unbaby*. Es wird der Frau des *Commander* auf die Brust gelegt, die ihm den Namen Angela gibt. Ofwarren wird das Baby einige Monate stillen dürfen und danach bei einem anderen *Commander* als *Handmaid* eingesetzt werden. Durch die Geburt eines gesunden Kindes bleibt ihr auf jeden Fall die Verbannung auf die Kolonien erspart, die aufgrund der extremen Verseuchung der Umwelt einen qualvollen Tod innerhalb weniger Monate zur Folge hätte. Sie hat dem Staat einen wichtigen Dienst erwiesen, der sie vor einer derartigen Strafe bewahrt – auch wenn sie in Zukunft keine weiteren Kinder zur Welt bringt.

Offred ist froh, nach diesem Ereignis allein in ihrem Zimmer zu sein. Sie denkt an Moiras Flucht aus dem *Red Centre*. Mit einem Trick hat diese eine der *Aunts* überwältigt und dann das Gebäude verlassen können. Bis zum jetzigen Zeitpunkt ist sie nicht wieder aufgetaucht, sodass Offred hofft, ihr sei endgültig die Flucht gelungen. Zugleich erinnert sie sich an Aunt Lydias Strategie, nach diesem Vorfall Janine ins Vertrauen zu ziehen und sie als Spitzel einzusetzen.

Am Abend, als Serena noch bei Warrens Frau ist, geht Offred wie befohlen in die Räume des *Commander*. Wenn Serena davon erführe, wäre sie ihrer Willkür ausgeliefert, da der *Commander* sich nicht um Probleme der häuslichen Disziplin kümmert. Wenn sie sich jedoch seinem Willen widersetzte, wäre sie in noch größerer Gefahr, da der *Commander* die wirkliche Macht im Haus besitzt. Offred ist sprachlos wegen der Einrichtung des Zimmers, das beispielsweise mit Büchern vollgestellt ist. Das Verhalten des *Commander* erinnert an das eines schüchternen Jungen. Er hat Schwierigkeiten, Offred seine Wünsche mitzuteilen. Diese erwartet sexuelle Avancen, muss sich dann aber beherrschen, angesichts seiner Absichten nicht loszulachen: Er möchte, dass sie mit ihm Scrabble spielt. Am Ende des Abends bittet er sie um einen echten Kuss.

Part IX (Seite 151–156)

Als sie wieder allein ist, erkennt Offred, dass sie nun ihrerseits Forderungen an den *Commander* stellen kann. Da er etwas von ihr möchte, das verboten ist, ist sie nun ebenfalls in der Lage, als Gegenleistung für ihre Zustimmung selbst Wünsche zu äußern. Dies wäre vorher völlig undenkbar gewesen. Sie findet die Geschehnisse des Abends extrem lustig und kann nur mit Mühe einen Lachanfall verhindern, der sie in eine bedrohliche Lage gebracht hätte. Sie muss sich in den Schrank setzen und wie bei einer Geburt auf ihre Atmung achten.

Part X (Seite 157–198)

In der Folgezeit kommt es zu weiteren Treffen zwischen Offred und dem *Commander*, für die Nick der „Bote“ ist. Dabei legt sie ihre anfängliche Scheu mehr und mehr ab. Es wird klar, dass der *Commander* einsam ist und es keine gemeinsame Basis in seiner Ehe gibt. Offred kann sich alte, verbotene Zeitschriften anschauen und erhält Handcreme. Sie fühlt sich jetzt wie die Geliebte des *Commander* und erlebt die Befruchtungszeremonie nicht mehr ausschließlich negativ. Der *Commander* jedoch hätte beinahe alles verraten, als er versucht, während der Zeremonie Offreds Gesicht zu berühren.

Parallel zu dieser Veränderung verbessert sich Offreds Verhältnis zu Ofglen, ihrer Einkaufspartnerin. Die beiden Frauen erkennen, dass sie einander vertrauen können. Ofglen erweist sich als Mitglied einer Untergrundorganisation.

Zurück in ihrem Zimmer, ist an Schlaf nicht zu denken. Offred ist angesichts der neuen Erkenntnisse zu aufgewühlt. Ihre Gedanken schweifen in jene Zeit zurück, als das Regime von Gilead an die Macht kam. Zunächst wurden der Präsident und alle Abgeordneten erschossen, angeblich von islamischen Fanatikern. Als Reaktion auf diese Ereignisse wurde die Verfassung außer Kraft gesetzt. Nach und nach wurden die Medien zensiert und ein *Identipass* verpflichtend eingeführt. Eines Tages konnte Offred mit ihrer Kreditkarte nicht mehr bezahlen, obwohl noch genügend Geld auf dem Konto war. Frauen durften nach dem Gesetz keinen Besitz mehr haben und auch nicht arbeiten. Aus diesem Grund hat Offred ihre Stelle als Bibliothekarin verloren. Die Proteste im ganzen Land wurden von Soldaten, die nicht den US-Streitkräften angehörten, brutal niedergeschlagen. Offred und Luke beteiligten sich nicht an den Protesten, aus Angst um ihr Leben und das ihrer Tochter.

Den Abend verbringt Offred wieder im Zimmer des *Commander*. Sie erkennt, dass ihre Vorgängerin auch dort gewesen sein muss, denn der lateinische Spruch im Schrank stammt aus der Schulzeit des *Commander*, der ihr erzählt, dass ihre Vorgängerin sich aufgehängt hat. Offred wird klar, dass der *Commander* sich schuldig fühlt und ihr Leben erträglicher gestalten will. Die Möglichkeit ihres eigenen Todes wird somit zu einem Druckmittel, das sie gegen ihn einsetzen kann. Auf seine Frage nach ihren Wünschen antwortet Offred, sie möchte wissen, was vor sich geht.

Part XI (Seite 199–205)
Als sie später aus ihrem Fenster blickt, sieht sie Nick, der zu ihr heraufschaut. Beide haben dasselbe Verlangen. Offred denkt an die Nacht vor ihrer missglückten Flucht zurück. Luke hat ihre Katze umgebracht, damit diese nicht herumstreunen und einen Verdacht auf sie lenken kann. Offred ist sich sicher, dass sie verraten worden sind, denn sie wurden bei der Passkontrolle erwartet. Im Anschluss an ihre Erinnerung an die Gebete im *Red Centre* betet Offred jetzt in ihrem Zimmer. Gleichzeitig denkt sie an Selbstmord, so ausgeprägt ist ihre augenblickliche Verzweiflung.

Part XII (Seite 207–267)
Auf ihrem täglichen Einkaufsgang erfährt Offred von Ofglen das Passwort der Untergrundorganisation. Ofglen hatte es einmal bereits bei Offred eingesetzt, die jedoch auf „Mayday" nicht reagierte. Als sie wieder zurück ist, wird Offred von Serena angesprochen. Da immer noch keine Zeichen einer Schwangerschaft erkennbar sind, äußert Serena Joy die Vermutung, der *Commander* sei vielleicht steril, und verstößt damit deutlich gegen die Regeln. Deshalb bietet sie Offred ein Geschäft an: Sie solle mit Nick schlafen, dafür werde sie ihr ein Bild ihrer Tochter zeigen. Die Tatsache, dass Offreds Zeit, innerhalb derer sie schwanger werden muss, dem Ende entgegengeht, nutzt Serena Joy als Druckmittel.

Filmszene aus „The Handmaid's Tale": Serena Joy und Offred

Die Treffen mit dem *Commander* gestalten sich immer entspannter. Er trinkt regelmäßig Alkohol, lässt sie *Radio Free America* hören und setzt sich zu ihren Füßen. Seine Versuche, die Veränderungen in Gilead zu erklären, können Offred jedoch nicht überzeugen.

An einem heißen Nachmittag begeben sich alle *Handmaids* und die anderen Frauen zur *Prayvaganza*[13], Massentrauungen von Töchtern der *Wives*. Ofglen berichtet Offred von Janines Baby, das entgegen dem ersten Eindruck doch nicht lebensfähig war: "It was a shredder after all." (S. 226). Aus diesem Grunde ist Janine wieder als *Handmaid* im Einsatz. Sie wirkt jedoch geistesabwesend und scheint durch Offred hindurchzuschauen. So etwas ist ihr auch schon im *Red Centre* passiert, wie Offred sich jetzt erinnert: Janine will sich eines Morgens nicht anziehen und redet die ganze Zeit so, als ob sie Gäste in einem Restaurant bedient – wie in der Vergangenheit. Moira kann sie nur durch Schläge ins Gesicht in die Realität zurückholen und sie damit vor der sicheren Bestrafung bewahren. Auf ihrem Rückweg erklärt Ofglen, dass die Untergrundorganisation über die Treffen zwischen dem *Commander* und Offred informiert ist, und fordert sie auf, möglichst viel über ihn herauszufinden.

In ihrem Zimmer schweifen Offreds Gedanken wieder zu ihrer missglückten Flucht zurück: Bei der Kontrolle der Pässe wird klar, dass die Soldaten Verdacht geschöpft haben. Luke wendet das Auto und fährt in den Wald, wo er mit Offred und der Tochter wegzulaufen versucht. Serena betritt den Raum und zeigt Offred ein Foto ihrer Tochter, auf dem sie lächelnd in einem weißen Kleid zu sehen ist. Offred wird schmerzvoll klar, dass ihre Tochter sich nicht mehr an sie erinnert.

Der *Commander* scheint bereits vor dem nächsten Treffen mit Offred einiges getrunken zu haben. Er gibt ihr ein Abendkleid und Schminke. Danach fährt er mit ihr in einen illegalen Nachtclub, *Jezebel's*. Offred trägt für die ersten Straßenkontrollen als Tarnung Serenas blauen Mantel, später muss sie sich in den Fußraum legen. Der *Commander* ist ein regelmäßiger Besucher des Clubs. Ihm ist wichtig, auf der einen Seite mit seiner Macht vor Offred zu prahlen und auf der anderen Seite mit ihr vor den anderen Gästen anzugeben. Der Club für hochrangige Beamte und Offiziere sowie ausländische Handelspartner ist in einem ehemaligen Hotel untergebracht, in dem Offred sich vor ihrer Ehe häufig mit Luke getroffen hat. Zahlreiche Prostituierte arbeiten dort, teils Prostituierte aus der Zeit vor Gilead, teils ehemalige Akademikerinnen und Geschäftsfrauen, die diese Tätigkeit der Rolle als *Handmaid* oder der Verbannung in die Kolonien vorgezogen haben. Eine von ihnen ist Moira, die in einem heruntergekommenen Häschenkostüm auf Freier wartet. Als sie Offred erblickt, vereinbart sie heimlich mit ihr ein Treffen auf der Toilette. Dort erzählt sie ihr den weiteren Verlauf der Flucht. Nachdem sie in der Tracht der *Aunts* aus dem *Red Centre* entkommen konnte, wurde sie von einer ihr bekannten Quäkerfamilie aus der Stadt gebracht. Sie lebte einige Monate im Untergrund, in wechselnden Familien, bevor sie endgültig über die Grenze geschmuggelt werden sollte. Doch genau in diesem Moment schlugen die Sicherheitskräfte zu. Sie wurde verhaftet, gefoltert und vor die Wahl gestellt, in die Kolonien zu gehen oder als Prostituierte zu arbeiten. In Filmen über die Kolonien – in denen auch Offreds Mutter zu sehen, jedoch kaum wieder zu erkennen war – sah sie die grausamen Arbeitsbedingungen und entschied sich für *Jezebel's*. Dies ist die letzte Begegnung von Offred und ihrer besten Freundin.

Im Anschluss geht der *Commander* mit Offred auf ein Zimmer, um richtig mit ihr zu schlafen. Er ist enttäuscht, dass Offred das Licht löschen möchte. Offred wiederum muss sich dazu zwingen, Gefühle vorzutäuschen, da alles andere für sie gefährlich werden könnte.

Part XIII (Seite 269–275)

Um Mitternacht kommt Serena in Offreds Zimmer. Sie hat das Treffen mit Nick arrangiert und will Offred jetzt sicher aus dem Haus führen – schließlich ist diese Aktion auch für Serena nicht ungefährlich. Offred berichtet in zwei Versionen über den Sex mit Nick: zunächst sehr blumig und romantisierend, dann sehr nüchtern und kühl. Die Wahrheit, so sagt sie, sei nicht mehr festzustellen, da jede Geschichte immer eine Rekonstruktion sei. Später fühlt sie sich so, als ob sie Luke betrogen habe.

Part XIV (Seite 277–299)

Offred trifft sich in der Folgezeit regelmäßig mit Nick, ohne dass Serena etwas davon weiß. Diese neue Beziehung bedeutet Offred so viel, dass ihr der Gedanke, die Untergrundorganisation könnte ihr zur Flucht verhelfen, zuwider ist. Sie möchte in Nicks Nähe bleiben.

Mit Ofglen begibt sie sich zum *Salvaging*, einer Hinrichtungszeremonie. An diesem Tag nehmen nur Frauen daran teil. Zwei

Handmaids und die Ehefrau eines *Commander* werden auf einer Bühne gehängt. Die Zeremonie wird von Aunt Lydia geleitet, die Offred bei dieser Gelegenheit zum ersten Mal seit ihrer Zeit im *Red Centre* wieder sieht. Im Anschluss an die Hinrichtungen wird ein ehemaliges Mitglied der *Guardians* auf die Bühne geschleift. Der Mann ist schwer gefoltert worden und riecht nach Erbrochenem und Exkrementen. Aunt Lydia erklärt, dass er zusammen mit einem weiteren *Guardian*, der bereits erschossen worden sei, zwei *Handmaids* vergewaltigt habe, von denen eine schwanger gewesen sei. Unter den anwesenden *Handmaids* bricht angesichts dieses ungeheuren Verbrechens eine nicht mehr zu bändigende Wut aus. In ihren Augen schimmert Mordlust. Auf ein Zeichen Aunt Lydias hin stürzen sie sich auf den Mann und töten ihn mit ihren bloßen Händen. Ofglen hat sich dabei ganz nach vorne gekämpft und den Mann mit einigen gezielten Tritten bewusstlos getreten, um ihm weitere Schmerzen zu ersparen, denn er war keineswegs ein Vergewaltiger, sondern vielmehr ein Mitglied des Widerstandes.

Beim nächsten Einkaufsgang stellt Offred fest, dass Ofglen durch eine andere *Handmaid* ersetzt worden ist. Offred probiert an ihr das Passwort der Untergrundorganisation aus, erhält aber zu ihrem Erschrecken die Warnung als Antwort, derartige Echos der Vergangenheit zu vergessen. Offred hat nun große Angst, von der neuen Ofglen verraten zu werden. Diese legt sich jedoch, als Ofglen ihr anvertraut, ihre Vorgängerin habe sich erhängt, als der schwarze Van sich nach der Hinrichtungszeremonie dem Haus näherte, um sie zu verhaften. Offred ist so erleichtert, dass sie in Gedanken Gott verspricht, alles zu tun, was er von ihr verlange. Von nun an werde sie sich ganz ihren Pflichten widmen, ja sogar Nick vergessen. Zum ersten Mal wird sie sich der riesigen Macht der Befehlshaber in Gilead bewusst.

Doch diese „linientreuen" Gedanken werden jäh unterbrochen, als sie zu Hause ankommt. Serena Joy weiß jetzt von

Offreds Treffen mit dem *Commander* und hält ihr wutentbrannt den blauen Mantel und das Abendkleid entgegen, das Offred bei ihrem Besuch in *Jezebel's* getragen hat. Auf dem Mantel befinden sich Reste des Lippenstiftes. Sie sei genauso eine Schlampe wie ihre Vorgängerin und werde das gleiche Ende finden – sie hatte sich erhängt.

Part XV (Seite 301–307)

Offred gelingt es, ruhig in ihrem Zimmer zu sitzen. In Gedanken spielt sie bis in die Nacht hinein mehrere Optionen durch: Sie könne sich beispielsweise an den Haken in ihrem Kleiderschrank erhängen oder aber Serena umbringen, wenn diese in das Zimmer kommt. Dann hört sie die Sirene des nahenden Vans, der sie ohne Frage abtransportieren wird. Plötzlich tritt Nick in den Raum und sagt ihr, sie solle beruhigt die beiden Männer begleiten, die sie verhaften werden, da diese Mitglieder der Untergrundorganisation seien. Serena und der *Commander* verlangen von den Männern einen Haftbefehl, damit wird klar, dass sie den Wagen nicht gerufen haben. Offred erkennt, dass sie Serena und dem *Commander* nun überlegen ist. Zwischen den beiden hat es bereits einen heftigen Streit gegeben, aber schlimmer noch: Der *Commander* ist zum Sicherheitsrisiko geworden und muss seine Absetzung befürchten.

Historical Notes (Seite 309–324)

Der Epilog gibt Ausschnitte einer fiktiven Historikertagung aus dem Jahre 2195 wieder, lange nach dem Ende Gileads, und liefert damit einige Hintergrundinformationen, ohne aber die Frage nach dem weiteren Schicksal Offreds zu beantworten. Professor Pieixoto, ein ausgewiesener Experte im Bereich der Geschichte Gileads, berichtet zunächst, dass die Aufzeichnungen Offreds in Form mehrerer ungekennzeichneter und ungeordneter Audiokassetten aufgefunden wurden. Da diese Technik extrem veraltet sei, handele es sich wohl um keine Fälschung. Pieixoto beschreibt dann, dass die Machthaber in der ersten Phase des Staates den Bedarf an gebärfähigen Frauen gedeckt haben, indem sie alle Wiederverheirateten sowie die Frauen in nichtehelichen Partnerschaften verhaftet haben. Deren Kinder wurden anderen Frauen zugewiesen. Darüber hinaus versucht er, die Identität von Offreds *Commander* zu klären, und nennt als wahrscheinlichste Lösung Frederick Waterford, der eine wichtige Rolle bei der Aufrichtung des Staates gespielt habe, dann aber aufgrund des Besitzes von Bildern und Büchern sowie liberaler Tendenzen hingerichtet worden sei. Offreds weiterer Werdegang bleibt offen. Es sei, so Pieixoto, nicht bekannt, ob ihr die Flucht nach England oder Kanada gelungen sei. Selbst in diesem Fall hätte sie aus Furcht vor Repressalien gegen Luke und ihre Tochter ihre Geschichte wahrscheinlich nicht veröffentlicht.

Textanalyse und Interpretation

1 Figuren

Offred

Offred, deren richtigen Namen wir nie erfahren, ist 33 Jahre alt und hat braune Haare (S. 153). Sie ist die wichtigste Figur des Romans, denn sie fungiert sowohl als Protagonistin wie auch als Erzählerin. Das Erzählen selbst ist für sie überlebenswichtig, auch wenn sie nicht weiß, ob jemand ihre Geschichte jemals lesen wird. In ihrer Erzählung beschränkt sie sich nicht auf die Wiedergabe der für sie gegenwärtigen Ereignisse, sondern geht sehr oft in ihren Gedanken und Träumen in die Zeit vor Gilead zurück. Offreds Charakter wird auch durch ihre Beziehung zu anderen Figuren, wie die zu ihrer Mutter oder zu ihrem Mann Luke, illustriert.

Das Verhältnis zu ihrer **Mutter** war nie frei von Problemen. Zwar betont diese immer, sie habe sich das Kind gewünscht, auch wenn sie erst mit 37 Jahren schwanger wurde und Offreds Vater sie verlassen hat. Auf der anderen Seite fühlt sie sich trotz ihrer Tochter sehr einsam: "I was so lonely, she'd say. You have no idea how lonely I was." (S. 131/132). Ihre Tochter zieht sie allein groß. Sie hat jedoch so hohe Erwartungen an sie, dass Offred ihre Mutter eigentlich enttäuschen muss. Offred macht sich nicht die radikal-feministische Position ihrer Mutter zu Eigen. Aus diesem Grund sieht diese in ihrer Tochter einen Rückschritt in der Entwicklung hin zu mehr Frauenrechten: "As for you, she'd say to me, you're just a backlash. Flash in the pan. History will absolve me." (S. 131). Zwangsläufig kommt es häufig zum Streit zwischen Offreds Mutter und Luke, der sich jedoch einen Spaß daraus macht, als Macho aufzutreten, um sie nur noch mehr zu provozieren. Doch ungeachtet der Probleme in ihrem Verhältnis wünscht Offred sich immer wieder, dass ihre Mutter wieder bei ihr sei. Dieser Wunsch bleibt unerfüllt – nicht nur aufgrund der Rahmenbedingungen in Gilead, sondern auch wegen der Tatsache, dass Offreds Mutter längst auf eine der verseuchten Kolonien gebracht worden ist.

Im Zuge der Veränderungen in Gilead muss Offred ihre Selbstständigkeit, die sie während ihrer Ehe mit Luke durch ihre Arbeit in einer Bibliothek bewahrt hat, völlig aufgeben. Auch das Verhältnis der Eheleute bleibt von den Auswirkungen der neuen Situation nicht verschont. Angesichts ihrer totalen Rechtlosigkeit ist Offred fest überzeugt, dass sich die Gewichte spürbar verschoben hätten. Offred und **Luke** sind nun auch in ihrer Beziehung nicht mehr gleichberechtigt. Sie ist gleichsam in das Eigentum ihres Mannes übergegangen. In der Gegenwart denkt sie oft an Luke und sehnt sich nach seiner Nähe. Jedes Mal, wenn sie mit Ofglen an der Mauer vorbeikommt, an der die Leichen der Gegner des Regimes zur Abschreckung zur Schau gestellt werden, ist sie froh, dass keine der Leichen Luke ähnelt.

Als Ergebnis des gescheiterten Fluchtversuches wird Offred von ihrer **Tochter** getrennt. Das fünfjährige Mädchen wird einer anderen Frau gegeben. Immer wieder denkt Offred an sie und sieht sie auch in ihren Träumen vor sich. Doch sie muss feststellen, dass das Bild ihrer Tochter mehr und mehr verschwimmt. Als Serena ihr ein Foto der nunmehr Achtjährigen zeigt, kann Offred diesen Anblick nicht ertragen. Zu schmerzhaft ist die Tatsache, dass Offred im Leben ihrer Tochter keine Rolle mehr spielt.

Offreds **Alltag** als *Handmaid* wird von Isolation und Langeweile geprägt. Sie wird bereits dem dritten *Commander* zugeordnet. Dies bedeutet, dass sie nun ihre letzte Chance hat, endlich schwanger zu werden. Entsprechend furchtsam sieht sie ihrer monatlichen Periode entgegen, denn diese bedeutet für sie zugleich immer, dass sie wieder versagt hat. Große Teile ihrer Zeit verbringt sie allein in ihrem Zimmer, das sie mit akribischer Genauigkeit untersucht, um beschäftigt zu sein. Sie hätte gerne Kontakt mit Rita und Cora, den beiden *Marthas*, die jedoch an einem Kontakt nicht interessiert sind. Offred lauscht sogar an der Küchentür, um am Gespräch der beiden Frauen „teilzuhaben", und vermisst schmerzlich den ihr früher so verhassten Smalltalk. Gerne würde sie in der Küche helfen. Doch insbesondere Ritas abweisende Haltung überzeugt Offred von der Irrealität derartiger Wünsche. Mehrfach denkt sie über Selbstmord nach. Eine solche Tat ist in Gilead allerdings sehr schwierig, da die meisten in Frage kommenden Hilfsmittel den *Handmaids* nicht zugänglich sind. In Offreds Zimmer wurde beispielsweise der alte Kronleuchter entfernt, weil ihre Vorgängerin sich daran erhängt hatte. Die Fenster lassen sich nur teilweise öffnen und bestehen aus bruchsicherem Glas.

Die Treffen mit dem *Commander* und die damit verbundene neue Rolle als dessen Geliebte bieten Offred eine willkommene Abwechslung:

> *It's something to do [...]. Something to fill the time, at night, instead of sitting alone in my room. It's something else to think about. I don't love the Commander or anything like it, but he's of interest to me, he occupies space, he is more than a shadow.* (S. 172)

Eine besonders positive Entwicklung stellt ihre Beziehung zu Nick dar. Nun ist es ihr größter Wunsch, in seiner Nähe sein zu können. Ihm kann sie alles erzählen, sie nennt ihm sogar ihren richtigen Namen.

Offred ist die am detailliertesten gestaltete Figur des Romans. Über niemand anderen erfährt der Leser so viele Einzelheiten. Zudem steht sie als einzige mit allen Figuren in Kontakt und fungiert somit auf der Figurenebene als verbindende Klammer.

Moira

Offreds beste Freundin bildet die positive Verbindung zwischen der Vergangenheit und der Gegenwart der Protagonistin. Sie ist die einzige Figur, die sowohl in der Zeit vor Gilead als auch in Gilead selbst auftritt. Moira hatte in der Beziehung der beiden Frauen immer die dominante Rolle inne. Sie war es auch, die Offred nach deren Verlust des Arbeitsplatzes als erste Trost gespendet hat. Moira selbst war über die Veränderungen weit besser informiert und hatte sich dafür entsprechend gewappnet: Als bekennende Lesbe hatte sie ihr Abtauchen in den Untergrund bereits vorbereitet. Die einzige Unstimmigkeit im Verhältnis der beiden Frauen liegt in Moiras Ablehnung von Offreds Verbindung mit Luke. In ihren Augen gehört er einer anderen Frau, da er bereits einmal verheiratet war.

Als Moira ins *Red Centre* gebracht wird, ist sie in Jeans gekleidet und hat kurze Haare. Damit ist sie sich bis zuletzt treu geblieben und hat sich keinen Konventionen gebeugt. Offred ist froh, ihre Freundin in der Nähe zu haben. Auch wenn sie sieht, dass diese Veränderung das Ende von Moiras Freiheitsträumen bedeutet, überwiegt ihre Freude, nun wieder mit ihr zusammen zu sein. Moira möchte aus dem *Red Centre* fliehen. Offred versucht vergeblich, Moira von ihren Fluchtplänen abzubringen. Der erste Fluchtversuch scheitert kläglich. Doch trotz der grausamen Bestrafung ist ihr Wille nicht gebrochen. Sie entwickelt einen neuen Plan, an dem sie noch nicht einmal Offred teilhaben lässt, da die Mitwisserschaft zu gefährlich wäre. Bei ihrem zweiten Versuch zeigen sich deutlich ihre Unerschrockenheit, ihre Tatkraft und ihr Improvisationstalent. Später wünscht sich Offred, sie wäre Moira, da diese z. B. den elektrischen Ventilator auch ohne Werkzeug auseinander nehmen und ein Utensil für den Selbstmord finden könnte. Moiras Überrumpelung von Aunt Elizabeth und der anschließende Gang durch die Stadt in der Uniform der *Aunts* – vorbei an mehreren Kontrollpunkten –

erfordern enorme Nervenstärke. Bei der Schilderung ihrer Flucht betont sie immer wieder die großen Risiken, die ihre Helfer für sie auf sich genommen haben, und macht damit klar, dass sie keineswegs eine egoistische, ausschließlich auf ihr eigenes Wohl ausgerichtete Frau ist.

Ihre Respektlosigkeit hat sie sich bis zum Ende bewahrt. Das gilt auch für die Dominanz im Umgang mit anderen, die selbst in *Jezebel's* deutlich wird. Moira hat jedoch ihren Kampfeswillen verloren. Sie hat sich mit der Situation arrangiert. Der Leser erfährt diese entscheidende Veränderung wieder aus Offreds Perspektive. Für Offred ist dies ein schwerer Schlag, denn nun ist die von ihr verehrte Moira, zu der sie aufblicken und an der sie sich aufrichten konnte, ebenfalls besiegt:

> *I don't want her to be like me. Give in, go along, save her skin. That is what it comes down to. I want gallantry from her, swashbuckling, heroism, single-handed combat. Something I lack.* (S. 261)

Aunt Lydia

Aunt Lydia ist eine der Aufpasserinnen und Ausbilderinnen im *Red Centre*. Mit großem Pathos beschreibt sie den *Handmaids* die enorme Bedeutung, die deren Aufgabe für die Gesellschaft besitze. Jeder habe Opfer zu erbringen. Die Frauen könnten sich glücklich schätzen, eine derart ehrenvolle Funktion erfüllen zu dürfen. Sie lässt keine Gelegenheit aus, den moralischen und sittlichen Verfall in der Zeit vor Gilead zu brandmarken. Dies tut sie immer mit theatralischer Gestik und Mimik.

Man darf Aunt Lydia nicht unterschätzen. Trotz ihres zur Schau gestellten Pathos' kennt sie bei der Behandlung der *Handmaids* keine Gnade. Keine noch so geringe Abweichung von den Verhaltensnormen wird von ihr geduldet. Mit unerbittlicher Härte bestraft sie die Verfehlungen der Frauen. Darüber hinaus greift sie auf taktische Mittel zurück. Als Moira zum zweiten Mal geflohen ist, gewinnt sie geschickt Janine als Vertraute, damit diese die anderen *Handmaids* bespitzele.

Jeder Zweifel an ihrer Person und ihrer Kompetenz verbietet sich gleichsam von selbst. Als sie bei der *Salvaging*-Zeremonie mit technischen Problemen zu kämpfen hat, reagiert sie höchst irritiert. Dann aber genießt sie wieder – wie bereits im *Red Centre* – die Macht, die ihre Position mit sich bringt. Betont langsam entfaltet sie den Zettel mit der Mitteilung an die Zuschauer und spannt sie auf die Folter. Diese Momente kostet sie voll aus. Großes Vergnügen bereitet ihr gleichfalls die anschließende *Particicution*, bei der sie auch die Leitung innehat. Mit einem Lächeln führt sie die Pfeife an ihre Lippen, mit der sie das Signal für den Beginn des grausamen Rituals gibt, bei dem die *Handmaids* einen angeblichen Vergewaltiger, der von den Folgen schwerer Folter gezeichnet ist, wie in einer Massenhysterie mit bloßen Händen umbringen.

Janine / Ofwarren

In der Gruppe der *Handmaids* im *Red Centre* nimmt Janine eine Außenseiterrolle ein. Sie ist in ihrem Leben bereits so oft herumgeschubst worden, dass sie für ein bisschen Anerkennung alles tun und sagen würde. Sie übertreibt die zur Schau gestellten Emotionen so sehr, dass dies selbst für Aunt Lydia zu viel wird: "There is no point in making a spectacle of yourself, Janine, said Aunt Lydia." (S. 204). Während der *Testifying*-Runden schildert sie mehrmals, wie sie als 14-Jährige von einer ganzen „Gang“ vergewaltigt wurde. Nachdem die anderen Frauen sie einmal als die Schuldige dargestellt haben, nimmt sie beim nächsten Mal die Schuld direkt auf sich und sagt, sie habe ihre Vergewaltiger geradezu ermutigt.

Auf der anderen Seite ist sie nicht frei von Arroganz. Von Aunt Lydia wird sie teilweise ins Vertrauen gezogen, erzählt jedoch den anderen Frauen, was sie über Moiras Flucht weiß. Dies tut sie nur, um mit ihrem Wissen angeben zu können. In diese Richtung weist auch das Zurschaustellen ihres Bauches beim Einkaufsgang, den sie in ihrer weit fortgeschrittenen Schwangerschaft nicht mehr selbst erledigen müsste. Als sich letztlich zeigt, dass ihr Baby nicht gesund ist, gibt sie sich selbst die Schuld an diesem Ausgang, da sie es zugelassen hat, dass sie von einem Arzt schwanger geworden ist und nicht von ihrem *Commander*. In der Zeit vor Gilead hatte sie – wie Offred – bereits ein Kind, das ihr weggenommen wurde. Dazu kommt in ihrer Rolle als *Handmaid* eine Fehlgeburt im achten Monat.

Sie erleidet mehrmals Phasen geistiger Abwesenheit. Dies zeigt sich einmal im *Red Centre,* als sie nur durch Ohrfeigen daraus befreit werden kann. Ein anderes Mal tritt dies bei der *Particicution* -Zeremonie auf. Sie hat sich ebenfalls auf den Verurteilten gestürzt und ihm ein Büschel Haare ausgerissen. Blutverschmiert läuft sie an Offred und Ofglen vorbei und bewegt sich wieder in ihrer Traumwelt:

> *A woman comes towards us, walking as if she's feeling her way with her feet, in the dark: Janine. There's a smear of blood across her cheek, and more of it on the white of her headdress. She's smiling, a bright, diminutive smile. Her eyes have come loose. "Hi there," she says. "How are you doing?" She's holding something, tightly, in her right hand. It's a clump of blond hair. She gives a small giggle. "Janine," I say. But she's let go, totally now, she's in free fall, she's in withdrawal. "You have a nice day," she says, and walks on past us, towards the gate.* (S. 292)

Ofglen

Offreds Einkaufspartnerin ist etwas kleiner und fülliger als sie. Anfänglich lässt sich in ihrem Verhalten keine Spur von Abweichung erkennen. Dann jedoch gibt es mehrere kleine Anzeichen. So bemerkt Offred, dass Ofglen beim Anblick der sechs Leichen an der Mauer weint. Es kann nicht ihre Absicht sein, Offred damit von ihrer Linientreue überzeugen zu wollen. Später dann benutzt sie – in verschlüsselter Form – Offred gegenüber das Passwort der Untergrundorganisation, ohne aber von ihr eine Reaktion zu erhalten. Auf dem Rückweg vom Einkauf zögert sie einen Moment, so als ob sie Offred noch etwas sagen wolle. Sie ist es auch, die beim Anblick der Gebetsmaschinen den gefährlichen ersten Schritt tut, der dann erfolgreich ist: Die beiden Frauen erkennen gegenseitig ihre Ablehnung des Systems. Ofglen ist Mitglied von *Mayday* und möchte Offred für die Organisation gewinnen. Diese soll alles über ihren *Commander* in Erfahrung bringen. Ofglen erweist sich als klug und mutig. Da Offred immer weniger Interesse an ihren Berichten und Anliegen zeigt, zieht Ofglen sich zurück. Sie weiß, dass es sinnlos wäre, ihre Einkaufspartnerin weiter zu bedrängen. Bei der *Particicution*-Zeremonie handelt sie schnell und entschlossen, als sie in dem verurteilten Mann ein Mitglied von *Mayday* erkennt. Sie ist bereit, die Konsequenzen ihres Verhaltens zu tragen. Ihrer bevorstehenden Verhaftung entzieht sie sich durch Selbstmord.

Serena Joy

Auch Serena stellt eine Klammer zwischen den Lebensphasen der Protagonistin vor und in Gilead dar. Anders als bei Moira jedoch ist diese Verbindung negativ. Schon als kleines Mädchen von acht oder neun Jahren nahm Offred Serena zum ersten Mal wahr. Sie trat als Leadsängerin in der *Growing Souls Gospel Hour* auf. Bereits bei dieser Gelegenheit ist der Protagonistin aufgefallen, dass Serena gleichzeitig lachen und weinen konnte. Ihr eigentlicher Name war Pam. Sie brachte es danach zu einer gewissen Berühmtheit durch einen Bericht, der in einem bedeutenden Nachrichtenmagazin über sie erschien. Zu dieser Zeit war sie nicht mehr als Sängerin aktiv, sondern hielt Reden, in denen sie die traditionelle Rolle der Frau als Hausfrau und Mutter in den schönsten Farben ausmalte – ohne sich indes selbst daran zu halten. Es wurde sogar ein Mordanschlag auf sie verübt, dem sie – anders als ihr Sekretär – jedoch entkommen konnte. Gerüchte besagten, dass sie die Bombe selbst in ihr Auto gelegt habe, um durch diese öffentlichkeitswirksame Attacke Sympathien zu gewinnen.

Bereits bei ihrer ersten Begegnung mit Offred lässt sie keine Zweifel an der Art ihrer Beziehung aufkommen. Sie blockiert den Eingang und macht Offred klar, wenn sie Probleme verursache, werde sie auch Probleme bekommen. Für Serena ist Offreds Präsenz Beleidigung und Notwendigkeit zugleich. Sie spricht mit der *Handmaid* nur wenn unbedingt erforderlich und ignoriert ihre Anwesenheit in der Regel völlig. Auch in ihrer Rolle als *Wife* hat Serena ihre Eitelkeit nicht aufgegeben. Ihre Fingernägel sind sehr gepflegt, sie trägt einen Diamantring. Der Schleier verdeckt ihre blonden Haare nicht komplett. Zudem raucht sie, wobei Zigaretten nur auf dem Schwarzmarkt zu erhalten sind. Aufgrund ihrer Arthritis kann sie nur noch mit einem Stock als Hilfsmittel laufen und auch ihre Finger nur mit großen Schmerzen bewegen. Dessen ungeachtet strickt sie unentwegt Schals für die *Angels* an der Front – nicht zuletzt, um sich unter Aufbietung aller Selbstbeherrschung von den Auswirkungen der Krankheit nicht besiegen zu lassen. Manchmal hört sie sich auch heimlich alte CDs mit den Aufnahmen ihrer Lieder an. Ihr zweites Betätigungsfeld ist der Garten, in dem sie oft anzutreffen ist.

In ihrer Beziehung zum *Commander* spielt Liebe keine Rolle. Serena genießt es im Gegenteil, ihm kleine Stiche zu versetzen. So lässt sie ihn beispielsweise vor der Gebetszeremonie regelmäßig kurz vor der Tür warten und äußert sich im Beisein der anderen Haushaltsmitglieder negativ über seine mangelnde Pünktlichkeit. Auf der anderen Seite ist sie auf ihren Mann angewiesen, ohne den sie – in ihrem Alter – keine Sicherheit besäße und der Deportation auf die Kolonien kaum entkommen könnte.

Aus diesem Grunde ist die Geburt eines Kindes für sie extrem wichtig. Doch selbst angesichts dieser Tatsache schickt sie Offred nach der Befruchtungszeremonie sofort weg und verringert der offiziellen Lehre zufolge damit die Chancen einer Befruchtung – so groß ist ihr Hass auf die *Handmaid.* Als deren Zeit jedoch abläuft, arrangiert sie das Treffen mit Nick, ausschließlich aus egoistischen Motiven: Sie möchte ein Kind haben. Sie ist rasend vor Wut, als sie von Offreds Verhältnis mit dem *Commander* erfährt. Wieder einmal wurden ihr die eigene Unzulänglichkeit und Verwundbarkeit vor Augen geführt – welchen Illusionen sie sich auch hingibt, die wirkliche Macht bleibt für sie unerreichbar. Diese Wut weicht bei Offreds inszenierter Verhaftung blanker Angst, denn nun muss Serena die Verhaftung ihres Mannes und damit ihren eigenen Absturz befürchten.

Commander

Offreds *Commander* nimmt in der Hierarchie von Gilead eine hohe Position ein. Professor Pieixoto identifiziert ihn als Frederick Waterford, einen wichtigen Mann in der Anfangsphase des Staates. Er ist grauhaarig und in seinem Auftreten in der Regel steif und zurückhaltend. Sehr früh schon deuten sich seine wahren Absichten an, als Offred ihn in der Nähe ihres Zimmers sieht. Selbst bei den regelmäßigen Treffen mit ihr kann er seine Anspannung und Schüchternheit nur nach und nach ablegen. Am Anfang steht er in einstudierter Pose vor dem Kamin. Später lässt er das Jackett weg, trinkt in ihrer Gegenwart Alkohol und setzt sich ihr sogar zu Füßen. Damit scheint er die Hierarchie umzukehren: Die *Handmaid* befindet sich nun über ihm. An der wirklichen Machtverteilung kommen indes nie Zweifel auf. In den Gesprächen mit Offred zeigt der *Commander* sich keineswegs als fanatischer Ideologe. Es wird vielmehr deutlich, dass ihm manche Auswirkungen des Systems von Gilead auf das Leben der Frauen nicht bewusst sind. Die Aufrichtung des theokratischen Staates rechtfertigt er nicht etwa mit religiösen Argumenten oder einzig mit dem Schutz der Frau. Er spricht vielmehr davon, dass die Situation für Männer unerträglich geworden sei, da es für sie nichts mehr zu tun gegeben habe. Sex sei käuflich gewesen, sie hätten für nichts mehr kämpfen müssen. Diesen unhaltbaren Zustand zu ändern sei das Anliegen von Gilead. Dabei sei es nur natürlich, dass einige – konkret heißt das die Frauen – unter den Veränderungen leiden müssen (S. 222).

Seine Affäre mit Offred und mit deren Vorgängerin ist nicht allein sexuell motiviert. Er will auf diese Weise auch seine Einsamkeit durchbrechen und eine echte Beziehung aufbauen, was ihm in seiner Ehe mit Serena nicht gelingt. Ähnlich wie diese erkennt auch er am Ende die Gefahr, die Offreds „Verhaftung" für ihn mit sich bringt.

Nick

Im Vergleich zu der hohen Bedeutung, die er für das Schicksal der Protagonistin besitzt, tritt Nick im Roman nur selten auf. Er ist der Fahrer des *Commander* und wohnt über der Garage. Außerdem fungiert er als Bote und erhält damit Einsicht in die illegalen Aktivitäten des *Commander*, sowohl in Bezug auf die Treffen mit Offred als auch bei der Fahrt nach *Jezebel's*. Offred fallen nicht nur seine gebräunten Arme auf, sondern auch seine Lässigkeit und fehlende Unterwürfigkeit. So spricht er sie beispielsweise direkt an oder berührt sie heimlich bei der Gebetszeremonie. Als die beiden sich nachts in Serenas Wohnzimmer begegnen, können sie ihr Verlangen gerade noch beherrschen. Später treffen sie sich regelmäßig in Nicks Wohnung, wobei über sein Verhalten nichts berichtet wird. An keiner Stelle deutet sich an, dass er ein Mitglied von *Mayday* ist. Erst im Rückblick wird klar, dass er Ofglen mit Informationen versorgt hat, denn nur durch ihn konnte diese von den Treffen Offreds mit dem *Commander* wissen.

Rita und Cora

Die beiden *Marthas* verkörpern in ihrer Haltung zu *Handmaids* zwei Pole. Rita, die den größten Teil der Küchenarbeit übernimmt und auch für die Organisation zuständig ist, sieht in Offred eine Krankheit: "She thinks I may be catching like a disease or any form of bad luck." (S. 20). Sie verachtet *Handmaids* und stellt fest, sie würde sich nie so weit erniedrigen, eher ginge sie in die Kolonien. Mit dem Ergebnis von Offreds Einkäufen ist sie nie zufrieden. Außerdem beneidet sie Offred um den täglichen Einkauf, den sie gerne selbst erledigen würde. Offred gegenüber verhält sie sich sehr wortkarg und schaut sie nicht an beim Reden. Zudem spricht sie in der Gegenwart Offreds über sie, als ob diese nicht anwesend wäre.

Cora, die häufiger unmittelbar mit Offred zu tun hat, sieht dagegen in ihr eine Hoffnungsträgerin: Durch sie könnte endlich ein Baby in den Haushalt kommen. Sie verteidigt Offred gegenüber Rita. In ihren Augen haben *Handmaids* keine andere Wahl, sie erbringen vielmehr eine wichtige Leistung für die Allgemeinheit. Wäre sie jünger, dann könnte auch sie diese Aufgabe übernehmen, das sei schließlich keine harte Arbeit. Zwar redet auch sie über Offreds Kopf hinweg, doch wenigstens klopft sie an, bevor sie mit dem Essen in Offreds Zimmer tritt. Wenn sie mit ihr allein ist, ist sie fast schüchtern. Die Sirene des Geburtsmobils löst bei ihr große Freude aus, ebenso wie die Geburt des Babys. Sie lächelt Offred an und sagt: "Maybe we have one, soon [...]." (S. 145), so als ob sie einen Anteil daran hätte. Entsprechend groß ist ihre Enttäuschung bei Offreds „Verhaftung". Sie lässt ihren Tränen freien Lauf, denn die Hoffnung, die sie in die *Handmaid* gesetzt hatte, ist zerstört.

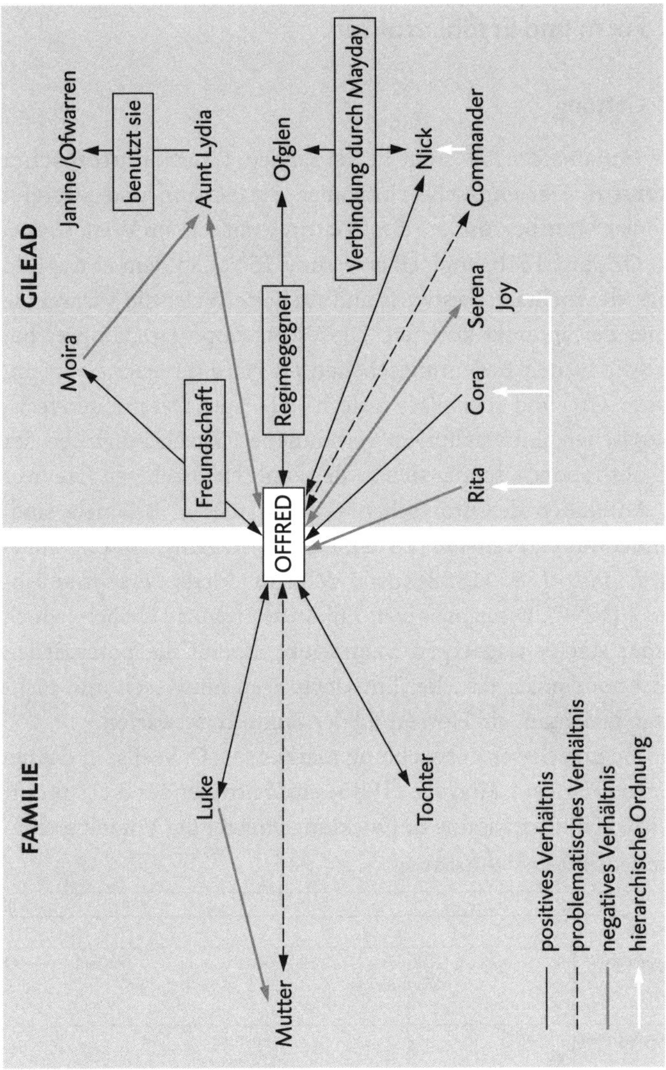
GILEAD
FAMILIE
Janine /Ofwarren
benutzt sie
Aunt Lydia
Moira
Freundschaft
Regimegegner
Ofglen
Verbindung durch Mayday
Nick
Commander
Serena
Joy
Cora
Rita
OFFRED
Luke
Mutter
Tochter
positives Verhältnis
problematisches Verhältnis
negatives Verhältnis
hierarchische Ordnung

2 Form und Erzählstruktur

2.1 Gattung

The Handmaid's Tale steht in der langen Tradition **utopischer Literatur**. Der englische Humanist, Staatsmann und Märtyrer Thomas More begründete diese Gattung mit seinem Werk *Utopia* (lat. Original 1516, engl. Übersetzung 1551), in dem er das Bild eines idealen Staates entwirft und auf diese Weise die Missstände seiner Zeit indirekt kritisiert. Die Wortschöpfung „Utopie" besitzt die beiden Bedeutungsebenen *no place* (griech.: *u* = nicht, *topos* = Ort) und *good place* (griech.: *eu* = gut). Der mit den technologischen Entwicklungen verbundene Fortschrittsglaube des 19. Jahrhunderts schlug sich in der englischsprachigen Literatur im Aufblühen der utopischen Gattung nieder. Beispiele sind: Samuel Butler, *Erewhon* (1872), Edward Bellamy, *Looking Backward: 2000–1887* (1888) sowie William Morris, *News from Nowhere* (1890). Diese positiven Zukunftsentwürfe wichen jedoch immer stärker **negativen Szenarien**, die auf die potenziellen Gefahren damals aktueller Entwicklungen hinwiesen und nicht selten gleichsam ein Horrorbild der Zukunft entwarfen.
Den Beginn dieser Entwicklung markiert H. G. Wells, in dessen Roman *The Time Machine* (1895) ein Zeitreisender die Zukunft als Rückfall in grausame Entwicklungsmuster der Vorzeit erlebt.

Übersicht Zeitebenen und Handlung

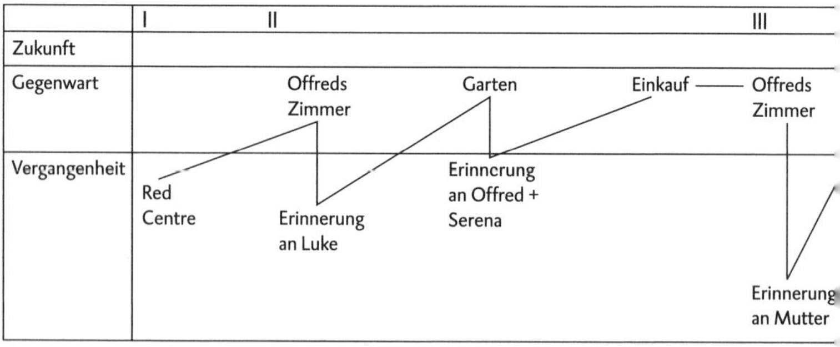

Diese negative Beschreibung der Zukunft wird mit den Begriffen **Dystopie** oder **Antiutopie** bezeichnet. Herausragende Beispiele solcher Werke sind Aldous Huxleys *Brave New World* (1932), George Orwells *Nineteen Eighty-Four* (1949) und Ray Bradburys *Fahrenheit 451* (1953).

Dystopien haben eine Reihe **charakteristischer Merkmale** gemeinsam. Die in ihnen beschriebenen Gesellschaften sind grundsätzlich sehr strikt reguliert und starr organisiert. Die Staatsmacht ist gnadenlos und höchst effektiv. Sehr häufig befinden sich die Figuren in einem Konflikt zwischen individuellen Wünschen und sozialen Zwängen. Oft wird das Staatswesen durch äußere oder/und innere Feinde bedroht. Veränderungen werden heftig bekämpft und sind in der Regel nur von kurzer Dauer. Die Figuren durchlaufen zumeist keine nennenswerte Veränderung. Sie sind nur selten komplex und dienen in erster Linie der Veranschaulichung bestimmter Aspekte.

Wendet man diese Kriterien auf *The Handmaid's Tale* an, so fällt die weitgehende Übereinstimmung auf.[14] Die Betonung feministischer Kriterien sticht als Besonderheit hervor. Die Herrschaft in Gilead wird allein religiös begründet (Theokratie) und zeichnet sich durch eine klare hierarchische Ordnung aus.

Die Menschen haben keine persönliche Freiheit, ihr gesamtes Leben wird durch die Aufgabe bestimmt, die sie für den Staat zu erfüllen haben. Die Unterdrückung und Bespitzelung der Bürger hat die Obrigkeit wirksam organisiert. Darüber hinaus sieht sich

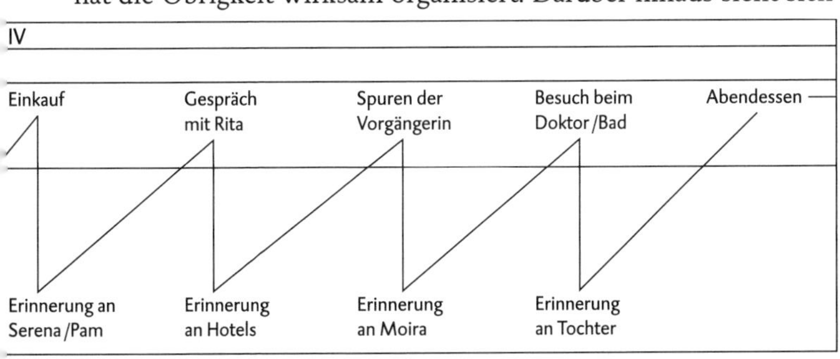

Gilead ständiger Bedrohung ausgesetzt. Es muss sich sowohl innerer Feinde (Widerstandsgruppen) als auch äußerer Feinde (ständiger Kriegszustand) erwehren. Auch die Figurenzeichnung entspricht durch die Beschränkung auf wenige Eigenschaften den oben genannten Kriterien. *The Handmaid's Tale* muss man also ohne Frage der Gattung der Dystopie zuordnen.

2.2 Struktur

Atwood unterteilt ihren Roman in **15 Teile mit 46 Kapiteln** sowie einen Anhang. Dieser Aufbau des Romans lässt sich auf das Leben der Protagonistin übertragen, das gleichsam zersplittert ist. Es zerfällt in eine Vielzahl von Teilen, wie der Roman aus einer Vielzahl von Kapiteln besteht, die sich nicht mehr zu einem homogenen Ganzen zusammenfügen lassen. Die Handlung des Romans beginnt und endet mit „Night" – ein deutlicher Hinweis auf die Dominanz der negativen Aspekte im Leben der Protagonistin Offred und die Ungewissheit ihres weiteren Schicksals. Innerhalb der Handlung alterniert „Night" (bzw. ein mal das verwandte „Nap") mit anderen Überschriften.
Diese herausgehobene Rolle der Nachtzeit führt eine weitere Besonderheit im Leben der Protagonistin vor Augen: Nur nachts kann sie den rigiden Vorschriften des Staates teilweise entkommen, sei es in ihren Gedanken und Träumen oder in ihren Treffen mit dem *Commander* und Nick.

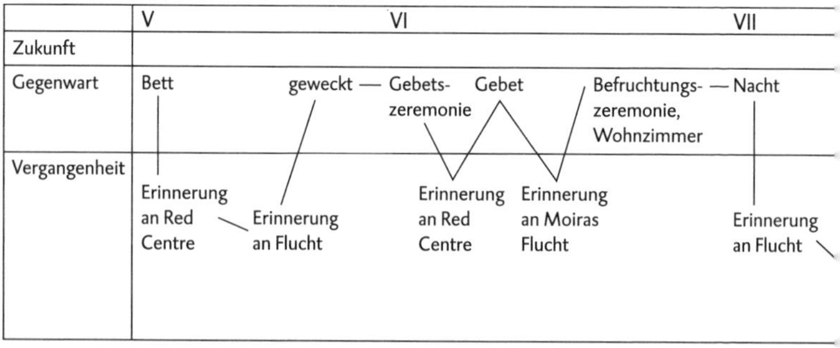

In mehrfacher Hinsicht bedeutsam ist darüber hinaus der **Appendix**, der mit „Historical Notes“ überschrieben ist. Hier zeigt sich ein fundamentaler Unterschied zu *Brave New World* und *Nineteen Eighty-Four*, denn aus diesem Text wird klar, dass der Staat von Gilead untergegangen ist. Anders als die beiden vorher genannten Dystopien entwirft *The Handmaid's Tale* ein negatives Szenario, dessen zeitliche Existenz begrenzt ist. Es besteht im Gegensatz zu Huxleys Weltstaat und Orwells *Oceania* nicht ewig fort. Zudem dienen die „Historical Notes“ einer doppelten Fiktionalisierung: Nicht nur, dass Gilead angeblich existiert hat, es wird außerdem noch quasi wissenschaftlich erforscht. Atwood gelingt es, eine reale Historikertagung inhaltlich und sprachlich getreu nachzuempfinden. Genauso wie diese Tagung wirklich stattgefunden haben könnte, könnte auch Gilead existiert haben, ist die damit verbundene Botschaft. Nicht zuletzt ist die Tatsache wichtig, dass Professor Pieixoto die Rekonstruktion von Gilead auf der Grundlage sehr lückenhafter Quellen versucht und damit selbst eine in Teilen fiktive Geschichte des Staates verfasst.

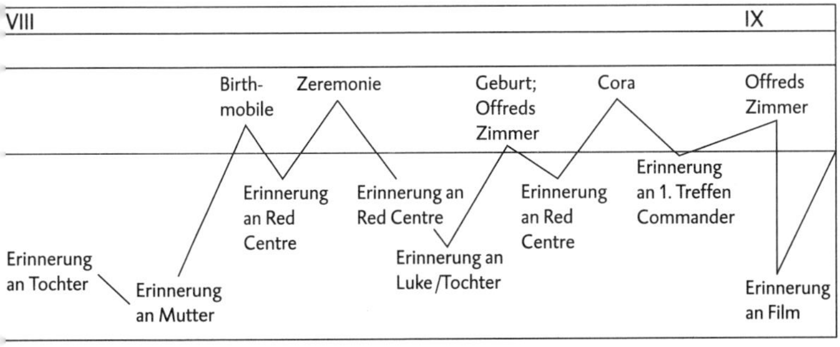

2.3 Erzählperspektive

The Handmaid's Tale wird von der Protagonistin selbst erzählt.[15] Dieser **first-person point-of-view** hat zur Folge, dass wir als Leser nicht mehr wissen als die Erzählerin selbst. Anders als bei Romanen mit allwissenden Erzählern bleiben dem Leser manche Hintergrundinformationen zunächst verborgen. Es liegt am Leser selbst, sich nach und nach ein immer komplexeres Bild zu schaffen. Auf diese Weise ist der Leser stärker eingebunden und auch Spannung kann auf diesem Weg erzeugt werden. Darüber hinaus wird die Identifikation des Lesers mit der Protagonistin erleichtert. Wir sehen die Dinge mit Offreds Augen und können uns so besser in sie hineinversetzen. Dies wird besonders deutlich in Offreds Schilderungen ihrer gescheiterten Flucht. Die Erinnerungen daran sind für sie so schmerzlich, dass sie nicht in der Lage ist, alle Einzelheiten auf einmal zu berichten. Sie kann nur in bruchstückhafter Form davon erzählen, so dass erst spät klar wird, was genau geschehen ist. Wir erkennen zwar den entscheidenden Punkt, das Scheitern des Fluchtversuches, sehr schnell, doch wichtige Details wie auch die Furcht der Protagonistin bleiben zunächst verborgen. Durch diesen fragmentarischen Charakter der Erzählperspektive werden, wie schon durch die Struktur des Romans, die Beschränkungen verdeutlicht, denen Offred in Gilead unterliegt. Sie hat – mit Ausnahme ihrer Gedanken und einiger Regelverstöße – kaum Einfluss auf die

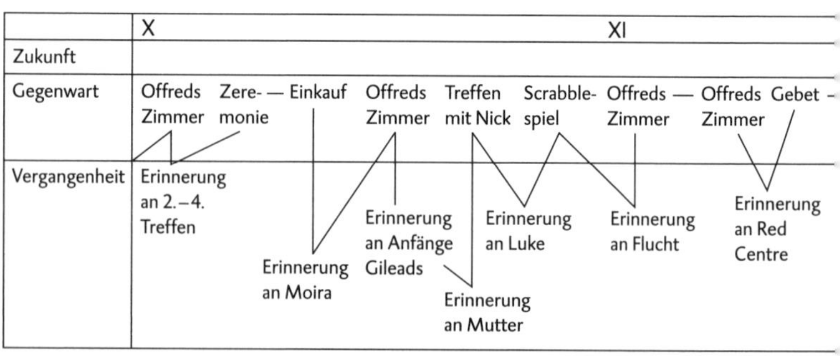

Gestaltung ihres Lebens, der Staat reguliert alles bis ins kleinste Detail. Dadurch ist die Entwicklung einer homogenen Persönlichkeit für Offred unmöglich. Dies wird durch ihre häufigen Selbstreflexionen noch weiter unterstrichen.

2.4 Zeitstruktur

The Handmaid's Tale zeigt ein sehr komplexes System **verschiedener Zeitebenen**. Setzt man die Zeit, in der die Protagonistin erzählt, als **Gegenwart**, so ergibt sich zunächst ein weitgehend chronologischer Aufbau der Haupthandlung: Die Ereignisse, die in diesem Teil geschehen, finden nacheinander statt.[16] Dabei handelt es sich beispielsweise um die täglichen Einkäufe und die damit verbundene Entwicklung in der Beziehung zwischen Offred und Ofglen, die Zeremonien im Haus des *Commander*, dessen Verhältnis zu und Aktivitäten mit Offred oder deren Affäre mit Nick. All dies wird in der Reihenfolge geschildert, in der Offred es erlebt. Von dieser Zeit- und Handlungsebene aus gesehen liegt die fiktive Historikertagung in der **Zukunft**. Von dort aus blickt Professor Pieixoto auf die Ereignisse in Gilead zurück. Sehr viele Aspekte, die für das Leben der Protagonistin und für das Verständnis des Romans von Bedeutung sind, liegen zeitlich vor der Haupthandlung. Diese Informationen liefert die Erzählerin in Form von **flashbacks**. Immer wieder schiebt sie diese Rückblenden in ihren Bericht über die für sie gegenwärtigen Ereig-

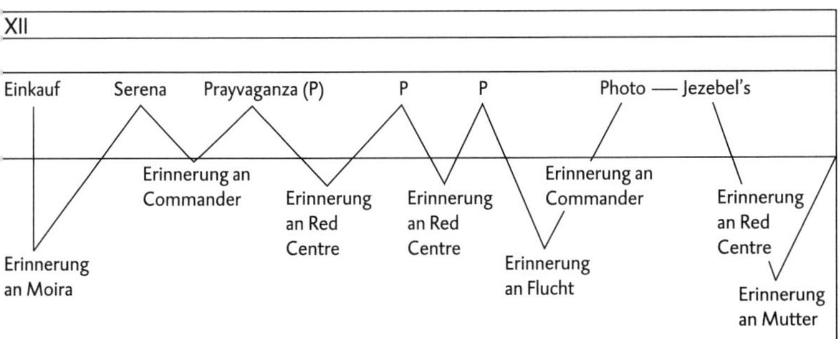

nisse ein. Zeitlich am nächsten liegt die Beschreibung ihrer ersten Begegnung mit Serena Joy. Davor ist die Ausbildung im *Red Centre* mit den dazugehörigen Ereignissen wie beispielsweise der Flucht Moiras einzuordnen. In der zeitlichen Abfolge ist als nächstes Offreds gescheiterte Flucht mit Luke und ihrer Tochter zu erwähnen. Noch weiter zurück liegt die Entstehung Gileads. Bereits vor dieser Zeit hatte die Protagonistin ein Verhältnis mit Luke, der damals allerdings noch verheiratet war. Am weitesten entfernt sind Offreds Schilderungen von Erlebnissen ihrer Kindheit. Diese *flashbacks* werden von der Erzählerin an einigen Stellen sogar noch weiter verschachtelt: In einen Bericht über das *Red Centre* baut sie beispielsweise Erinnerungen an ihre Mutter ein (S. 127–132). Dasselbe gilt für die Beschreibung von Ereignissen nach ihrer Entlassung (S. 188–190).

	XIII	XIV	XV	APPENDIX
Zukunft				2195
Gegenwart	Offred + Nick	Offred + Nick, Salvaging, neue Ofglen, Serena	Verhaftung	
Vergangenheit				

3 Sprache und Symbole

3.1 Sprache

Atwood versteht es meisterlich, die Botschaften ihrer Werke durch die Sprache der Figuren zu unterstützen. In *The Handmaid's Tale* benutzt sie dieses Mittel sehr häufig, um die Gemütslage einzelner Figuren zu beschreiben. Als Offred bei der Geburtszeremonie eintrifft, stellt sie sich vor, was die schwangere Janine nun wohl machen könnte:

> *And Janine, up in her room, what does she do? Sits with the taste of sugar still in her mouth, licking her lips. Stares out the window. Breathes in and out. Caresses her swollen breasts. Thinks of nothing.* (S. 125)

Hier wird die große Anspannung durch die **Reihung** der Sätze veranschaulicht. Wie in einem Videoclip folgen die einzelnen Teile sehr schnell aufeinander, ihnen fehlt durchgängig das Subjekt. Bei einem der Rückblicke auf ihre gemeinsame Zeit mit Moira hält die Protagonistin fest: "She was still my oldest friend. Is." (S. 181). „Is" steht als Wort allein in einer Zeile, es bildet den ganzen Satz. Durch die **Reduktion** auf diesen zentralen Aspekt, der alle anderen Gesichtspunkte als völlig unwichtig erscheinen lässt, wird die enorme Bedeutung ihrer Freundschaft mit Moira eindrucksvoll betont. Nach der *Particicution*-Zeremonie ist Offred sehr froh, am Leben zu sein:

> *I want to go to bed, make love, right now.*
> *I think of the word relish.*
> *I could eat a horse.* (S. 293)

Eine weitere Besonderheit in *The Handmaid's Tale* sind die Situationen, in denen die Erzählerin **über Sprache selbst reflektiert**. Auf diese Weise erhöht sie die Sensibilität des Lesers für möglichen Sprachmissbrauch und für die Rolle der Sprache im System von Gilead. Für diese Technik seien hier nur zwei kurze Beispiele angeführt:

I wait. I compose myself. My self is a thing I must now compose, as one composes a speech. (S. 76)
Big-bellied sails, they used to say, in poems. Bellying. Propelled forward by a swollen belly. (S. 104)

3.2 Symbole

Namen

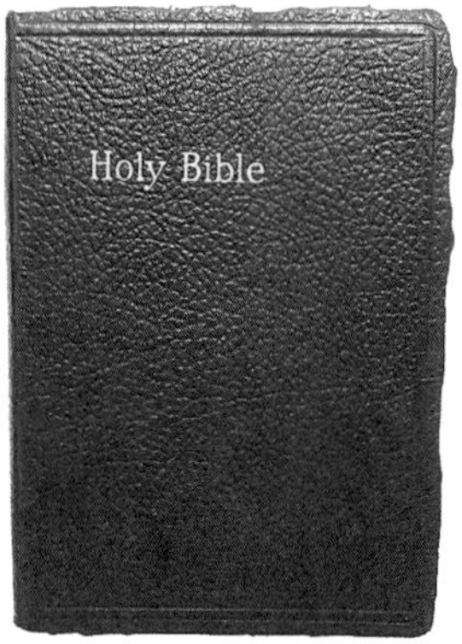

In *The Handmaid's Tale* begegnen dem Leser viele Beispiele **bildlicher Sprache**. Sehr auffällig sind die zahlreichen **biblischen Namen** und **Begriffe**. Bereits der Name des Staates ist sehr vielsagend. Gilead bezeichnete nämlich das Gebiet des antiken Palästina, das sich östlich des Jordans erstreckte und in etwa dem heutigen Nordwesten Jordaniens entspricht. Auf diese Weise wird die Ausrichtung des Staates an alttestamentarischen, mosaischen Vorbildern zum Ausdruck gebrach, ohne dass weitere Details erforderlich wären. Ein anderes herausragendes Beispiel ist der Name des Bordells, das der *Commander* mit Offred besucht: *Jezebel's*. Isebel, so der deutsche Name, war die Frau des israelitischen Königs Ahab. In der Bibel wird beschrieben (1 Könige), dass dieses Paar nicht nur Götzen anbetete und dem Baal Tempel errichtete, sondern dass Isebel die Propheten Gottes verfolgen und hinrichten ließ. An einer anderen Stelle (2 Könige) ist von Isebels Unzucht und Magie die Rede. Diese beiden Vorwürfe werden in der Offenbarung des Johannes erneuert. Isebels Name wird nun in Gilead für die Bezeichnung eines Bordells benutzt. Damit wird auf der bildlichen Ebene der Widerspruch dieser Einrichtung zur offiziellen Politik verdeutlicht. Diese Art der käuflichen Sexualität, die vor Gilead sehr weit verbreitet war, sollte durch den neuen Staat abgeschafft werden. Damit „huldigen" die Männer, die das Bordell aufsuchen, einem falschen Gott und geben sich ihren Trieben und der „Lasterhaftigkeit" hin.

Das *Rachel and Leah Reeducation Centre* bezieht seinen Namen ebenfalls aus dem Alten Testament. Rahel und Lea waren Schwestern und die Frauen des Jakob. Während Lea vier Söhne zur Welt brachte, blieb Rahel unfruchtbar. Sie drängte Jakob, mit ihrer Magd – der *Handmaid* – zu schlafen, die dann auch schwanger wurde und auf Rahels Knie gebar, so dass diese sich als die Mutter fühlte. Dasselbe machte später Lea, als auch sie keine Kinder mehr bekommen konnte (Genesis).[17] Die vorgeschriebenen Begrüßungsformeln der *Handmaids* gehen gleichfalls auf biblische Vorbilder zurück. Wenn sie sich treffen, benutzen sie als Ansprache „Blessed be the fruit"[18], worauf die Antwort „May the Lord open" lautet. Bei der Verabschiedung greifen sie auf die Formel „Under His Eye" zurück. Die Geschäfte, in denen sie täglich einkaufen, beziehen ihre Namen desgleichen aus der Bibel – sowohl aus dem Alten wie auch aus dem Neuen Testament: Kleidung gibt es in „Lilies of the Fields"[19], Lebensmittel in „Milk and Honey"[20], Fleisch in „All Flesh"[21] und Fisch in „Loaves and Fishes"[22]. Selbst die Frau von Offreds *Commander* kann sich dem nicht entziehen. Ihren ursprünglichen Namen Pam hat sie in Serena Joy („heitere Freude") geändert, ebenfalls eine religiös bestimmte Wahl.

Auch in der Welt der Männer tritt dieses Phänomen auf. So werden beispielsweise die Automarken mit biblischen Namen versehen: „Whirlwind", „Chariot" und „Behemoth".[23] In der Amtsbezeichnung der Entscheidungsträger des Staates ist ebenfalls die religiöse Komponente enthalten, führen sie doch den Titel *Commanders of the Faithful*. Eine sehr krasse Ausprägung dieses Merkmals ist die beschönigende Bezeichnung der Soldaten als *Angels*. Die als Fahrer und Wachen eingesetzten Männer tragen den Titel *Guardians of the Faith*. Die vollendete Perversion stellt der Name des Geheimdienstes dar. Ursprünglich bezieht sich *eyes* nämlich auf die Allgegenwart Gottes zum Schutz der Menschen; in Gilead hingegen beschreibt dieses Wort die allumfassende Überwachung der Bevölkerung.[24]

Die bildliche Dimension der Namen in *The Handmaid's Tale* beschränkt sich nicht auf diesen religiösen Hintergrund. Die Reduzierung der *Handmaids* auf bloße Gebärmaschinen ohne jede Individualität wird in ihren Namen sehr treffend zum Ausdruck gebracht. Sie verlieren ihren ursprünglichen Namen, den sie nie mehr benutzen dürfen, und werden als Teil des Besitzes ihrer *Commander* gekennzeichnet: Offred = Of-Fred, Ofglen = Of-Glen, Ofwarren = Of-Warren.

Orte und Räume

Eine metaphorische Bedeutungsebene wohnt gleichfalls den verschiedenen Räumen im Roman inne, die von der Erzählerin zumeist sehr detailliert beschrieben werden. Sie spiegeln die Funktionen ihrer Bewohner wider und führen auf diese Weise zugleich deren Beschränkungen bzw. Privilegien vor Augen. So begegnet uns Rita nahezu ausschließlich in der Küche – und damit in ihrer Funktion als *Martha*. Nicks Wohnung befindet sich nicht im eigentlichen Haus, sondern über der Garage. Sie ist sehr spärlich eingerichtet. Dadurch wird Nicks Sonderstellung – er steht ausschließlich dem *Commander* zur Verfügung, nicht jedoch den anderen Mitgliedern des Haushaltes – sehr augenfällig demonstriert. Die spartanische Ausstattung unterstreicht den soldatischen Charakter seiner Rolle: Er soll einzig seine Aufgabe erfüllen; dass er sich dabei wohl fühlt, ist nicht vorgesehen. Die größtmögliche Reduktion weist Offreds Zimmer auf. Die Ausstattung ist auf das Notwendigste beschränkt, hier ist kein Raum für eine noch so geringe Ausprägung von Individualität zu finden. Ganz anders das Wohnzimmer: Dies ist der Bereich von Serena Joy, den sie nach ihren Vorstellungen eingerichtet hat. Hier kann sie – in Maßen – selbst bestimmen und sogar den *Commander* vor der Tür warten lassen. Daneben zählt auch der Garten zu ihrem Territorium, gleichfalls mit großen Gestaltungsmöglichkeiten. Den größten Freiraum bietet jedoch das Zimmer des *Commander*. Es ist gespickt mit Sachen, die in Gilead streng verboten sind. Beim ersten Anblick verschlägt es der Protagonistin schlicht den Atem. In diesem Raum macht der *Commander*, was er will: Er liest Bücher, bewahrt alte Zeitschriften auf, trifft sich mit Offred oder spielt ihr *Radio Free America* vor.

Im völligen Widerspruch zur offiziellen Politik steht *Jezebel's*, das eine eigene, abgeschottete Welt bildet. Von besonderer Bedeutung sind hier wie auch im *Red Centre* die Toiletten. Sie bieten der Protagonistin einen Zufluchtsraum, in dem sie sich für kurze Zeit weitgehend ungestört mit Moira unterhalten kann. Einen Gegenpol zu *Jezebel's* stellt das Ausbildungszentrum dar: An diesem Ort wird die reine Lehre des Staates praktiziert.

Filmszene aus „The Handmaid's Tale": Der Besuch im Bordell Jezebel's

Die Erzählerin schildert darüber hinaus Räume aus der Zeit vor Gilead. So beschreibt sie beispielsweise ihr Studentenwohnheim und ihre erste eigene Wohnung. Daneben geht sie auch auf die Hotelzimmer ein, in denen sie sich vor ihrer Heirat regelmäßig mit Luke getroffen hat.

Symbolcharakter besitzt des Weiteren die Mauer, zu der Offred und Ofglen bei ihren täglichen Einkaufsgängen gehen. An dieser Mauer werden die Leichen hingerichteter Gegner des Regimes zur Schau gestellt. Berücksichtigt man die Ausrichtung des Staates an alttestamentarischen Vorgaben, so fällt die doppelte Bedeutung dieser Mauer auf. Zum einen dokumentiert sie augenfällig die Abschaffung freier Wissenschaft in Gilead: Ursprünglich begrenzte sie nämlich das Gelände der Universität. Zum anderen stellt sie eine grausame Umkehrung der jüdischen Klagemauer dar. Hier wird den Menschen nicht die Gelegenheit gegeben, zu ihrem Gott zu finden und zu ihm zu beten, sondern es werden ihnen die Konsequenzen eines regimefeindlichen und damit gleichzeitig gottesfeindlichen Verhaltens auf brutale Weise vor Augen geführt.

Film

Immer wieder spielen in *The Handmaid's Tale* Filme eine Rolle. Häufig berichtet die Erzählerin von Filmen, die ihr und den anderen *Handmaids* zur Belehrung vorgespielt wurden. Mehrfach ist Offreds Mutter in diesen Filmen zu sehen. Vor der Gebetszeremonie schaltet Serena immer den Fernseher ein und lässt Offred, Nick, Rita und Cora einige Minuten schauen – zumeist Teile von Nachrichtensendungen. Wichtig ist hier zudem, dass Offred Serena Joy zum ersten Mal im Fernsehen gesehen hat.

Latein

Als trügerisch erweist sich die Hoffnung, die Offred mit dem lateinischen Spruch verbindet, der in ihrem Schrank steht. Sie benutzt ihn sogar als Gebetsformel. Doch bereits vom ersten Moment an wird die mögliche positive Bedeutung von „Nolite te bastardes carborundorum“ erheblich durch die Tatsache eingeschränkt, dass Offred diesen Satz schlicht nicht versteht. Hier wird schon auf die potentielle negative Entwicklung hingewiesen, denn die zentrale Frage – die Bedeutung – bleibt unbeantwortet. Ihre Hoffnung kehrt sich letztlich in das Gegenteil: Bei einem ihrer Abende mit dem *Commander* erkennt Offred, dass dieser Spruch von ihm stammt:

> *I force a smile, but it's all before me now. I can see why she wrote that, on the wall of the cupboard, but also I see that she must have learned it, here, in this room. Where else? She was never a schoolboy. With him, during some previous period of boyhood reminiscence, of confidences exchanged. I have not been the first then. To enter his silence, play children's word games with him.* (S. 197)

Dies zeigt ihr, dass der *Commander* sich mit ihrer Vorgängerin ebenfalls getroffen hat und dass ihre eigenen Treffen mit ihm an ihrer misslichen Lage nichts Grundlegendes ändern werden.

Farben

Von den Farben der für die einzelnen Gruppen vorgeschriebenen Kleidung ist vor allem das Rot der *Handmaids* von Interesse. Auch hier lassen sich wieder zwei gegensätzliche Schlussfolgerungen ziehen. Auf der einen Seite symbolisiert diese Farbe die Fruchtbarkeit der Frauen. Sie weist auf die Monatsblutung und das Blut bei der Geburt eines Kindes hin. Auf der anderen Seite werden die *Handmaids* auf diese Weise als Sünderinnen gebrandmarkt, weil Rot häufig als Farbe der Hölle und des Teufels eingestuft wird. Es ist zwar ihre Aufgabe, sich von ihrem *Commander* befruchten zu lassen, da diese aber verheiratet sind, begehen sie gleichzeitig Ehebruch. Dies ist auch der Grund, warum sie nicht in Weiß gekleidet sind, dem Symbol für Reinheit und Jungfräulichkeit.

4 Thematik

In ihrem negativen Zukunftsentwurf spricht Atwood eine Reihe von Themen an. Auf diese Weise will sie dem Leser keine definitiven Antworten oder Handlungsanweisungen geben, sondern ihn vielmehr für eine kritische Auseinandersetzung mit den angesprochenen Fragen sensibilisieren.

Religion und Rituale

Religion bestimmt jeden Aspekt des Lebens in Gilead. Es gibt keinen Bereich, der dem religiösen Einfluss entzogen wäre. Dies gilt sowohl für den Aufbau des Staates und die Organisation der Gesellschaft als auch für das alltägliche Leben der einzelnen Bürger – und vor allem Bürgerinnen. Staatliche Macht und religiöser Einfluss sind untrennbar miteinander verbunden. Zwar herrscht in Gilead keine Priesterschicht (**Hierokratie**), doch die Herrschaft wird ausschließlich religiös legitimiert (**Theokratie**). Die ranghöchsten Vertreter des Staates, die *Commander*, stehen auch an der Spitze der religiösen Hierarchie. Sie allein haben Zugang zur Bibel. Es ist ihnen vorbehalten, den anderen – auch den Männern – daraus vorzulesen.

Es fällt auf, dass trotz der Allgegenwart der Religion in Gilead keine zentralen liturgischen oder kultischen Feiern abgehalten werden. Stattdessen treffen wir auf eine Vielzahl von streng formalisierten Zeremonien, deren religiöser Gehalt jedoch nicht immer ersichtlich wird. Innerhalb des Hauses des *Commander* findet, jeweils zum Zeitpunkt der höchsten Fruchtbarkeit der *Handmaid*, die Befruchtungszeremonie statt. Sie folgt klaren Regeln und lässt keinerlei Emotionen zu. Gleichsam geschäftsmäßig erledigt der *Commander* seine Aufgabe. Vor diesem Ereignis treffen sich alle Mitglieder des Haushalts zum Gebet. Dabei hat jede Person einen klar zugewiesenen Platz und eine damit verbundene Stellung: Die *Handmaids* knien vor der sitzenden Ehefrau. Hinter den *Handmaids* stehen die anderen Angestellten. Der *Commander* sitzt gleichfalls, während er aus der Bibel vorliest. Selbst die Geburt eines Kindes ist in einen festgelegten Rahmen eingebettet. Dies gilt sowohl für die schwangere *Handmaid* als auch für die Ehefrau des betreffenden *Commander*. Diese Zeremonie gipfelt schließlich in der eigentlichen Geburt auf dem *Birthing Stool* (S. 136), auf dem die *Handmaid* vor der erhöht platzierten Ehefrau sitzt wie die Mägde in der Bibel auf Rahels oder Leas Schoß.

Der erneuten Einschwörung auf das Regime und der Massenhypnose dienen die regelmäßig stattfindenden *Women's Prayvaganzas*. Sie bieten ein Ventil für angestaute Emotionen. Ganz in der Tradition autoritärer oder diktatorischer Systeme werden diese Zeremonien für Massentrauungen genutzt wie beispielsweise im nationalsozialistischen Deutschland. Dabei werden die Mädchen sehr jung mit ihnen zugewiesenen Partnern verheiratet. Ein weiterer Bestandteil dieser Versammlungen ist die Aufnahme ehemaliger Nonnen in den Kreis der *Handmaids*. Sie werden mit brutaler Folter zu diesem Schritt gezwungen, falls sie nicht das Schicksal in den Kolonien vorziehen. *Men's Prayvaganzas* bedienen die aus Sicht des Staates typischen männlichen Bedürfnisse, da sie Jubelfeiern angesichts militärischer Siege darstellen (S. 232–234). Der Abschreckung dienen die *Salvagings*. Hinter diesem positiven Namen (*to salvage* = retten) verbergen sich öffentliche Hinrichtungen. Seit kurzer Zeit werden die Vergehen der Verurteilten nicht mehr bekannt gegeben – sehr zum Unmut der *Handmaids*, da für diese solche Taten mit der Hoffnung auf die Existenz einer Opposition verbunden sind. Die *Handmaids* müssen symbolisch ihre Hände auf ein Seil legen, um so ihre Zustimmung zum Ausdruck zu bringen. Die krasseste Form ist die *Particicution*-Zeremonie. Mit bloßen Händen töten die *Handmaids* einen Verurteilten (S. 289–293). Nicht nur, dass sie auf diese Weise zu Mittätern des Systems werden, sie können hier auch alle angestauten Aggressionen ausleben. Dieses Ereignis bringt ohne Frage die alttestamentarische Formel „Auge um Auge, Zahn um Zahn" am deutlichsten zum Ausdruck.

Wenn auch religiöse Aspekte das Leben in Gilead auf solch gravierende Weise bestimmen, so kann dennoch nicht von einer differenzierten Religion die Rede sein. Es handelt sich vielmehr um eine sehr schlichte Lehre, die die Aussagen der Bibel nahezu wörtlich nimmt und sie auf bloße Schlagworte reduziert. Ihr fehlt jeglicher Tiefgang, was ihre Wirkung indes nicht schmälert. Dazu kommt, dass bei der Ausübung und dem Missbrauch von Macht die religiösen Argumente vielfach nur vorgeschoben sind.

Atwood greift in *The Handmaid's Tale* Auswüchse der Medien – wie das Phänomen des *Televangelism*[25] – und religiös-fundamentalistische Strömungen in den USA der 1970er und 1980er Jahre auf und führt sie bis ins Extreme fort. Auch heutzutage gibt es derartige fundamentalistische Tendenzen wie beispielsweise die evangelikale Bewegung in den Vereinigten Staaten.

Frauen

Dieses Thema ist mit der Religion aufs Engste verbunden. Das religiöse Fundament Gileads bedingt die Trennung der Menschen in zwei Gruppen: Männer und Frauen. Allein aufgrund des Geschlechts werden sie bestimmten Rollen und Funktionen zugewiesen. Alle Positionen, die außerhalb des Haushaltes und des *Red Centre* mit Macht verbunden sind, bleiben den Männern vorbehalten. Doch auch sie müssen erhebliche Einschränkungen ertragen. So ist es ihnen nicht möglich, nach ihrem Wunsch zu heiraten. Erst wenn sie sich im Kampf für den Staat bewährt haben, wird ihnen das Privileg einer Ehefrau zugestanden. Außer- und vorehelicher Geschlechtsverkehr ist strikt verboten. Selbst der Ausweg der Masturbation ist untersagt. So kommt es zu gelegentlichen Fällen homosexueller Handlungen, die als *Gender Treachery* mit dem Tode bestraft werden (S. 53).

verschleierte Frau

Weitaus gravierender sind jedoch die Auswirkungen auf das Leben der Frauen. Sie werden vom System in **Kasten** unterteilt, aus denen es für sie kein Entkommen gibt. Die Möglichkeit, von der einen in die nächsthöhere Gruppe aufzusteigen, ist nicht vorhanden. Die einzige Bewegung innerhalb dieses grundlegend statischen Systems kann nach unten erfolgen. Dies bedeutet den völligen Ausschluss aus der Gemeinschaft, sei es durch Verbannung auf die Kolonien oder durch öffentliche Hinrichtung. Allen Frauen, gleich in welcher Kaste, ist die vollständige Entindividualisierung gemeinsam. Sie haben nicht die geringste Chance, sich nach eigenen Vorstellungen zu entfalten. Sie sind ausschließlich in ihrer Funktion für den Staat von Bedeutung, wobei sie von weiten Bereichen des Lebens von vornherein ausgeschlossen sind. Das Schicksal von Frauen wird somit allein aufgrund ihres Geschlechts entschieden, individuelle Stärken und Schwächen spielen keine Rolle. Von einer Gleichberechtigung der Geschlechter ist Gilead so weit entfernt wie nur möglich. Es handelt sich hierbei um einen Rückfall in archaische Muster. Frauen werden grundsätzlich als Menschen zweiter Klasse behandelt. Ihnen werden bewusst die Wege verschlossen, den eigenen Horizont zu erweitern. So ist ihnen Lesen und Schreiben grundsätzlich untersagt. Wie bei unmündigen kleinen Kindern werden die wenigen notwendigen Informationen mit Hilfe von Bildern weitergegeben. Selbst für die Ehefrauen der *Commander* gilt dieses Verbot. Einzig den *Aunts* ist es im Rahmen ihrer Tätigkeit gestattet, innerhalb eng gesetzter Grenzen zu lesen und zu schreiben (S. 139).

Mehrfach wird im Roman die Rolle von Offreds Mutter in der **Frauenbewegung** aus der Zeit vor Gilead angesprochen. Aus diesem Grunde bietet sich ein Vergleich der dort vorgebrachten Forderungen mit der Situation des neuen Staates an. Offreds Mutter und ihre Mitstreiter haben massiv gegen Pornografie gekämpft und dabei auch vor dem Einsatz drastischer und gewaltsamer Mittel wie Bücherverbrennung oder gar Bombenanschlägen nicht zurückgeschreckt. Sie wollten zudem die Sicherheit der Frauen verbessern und die überall anzutreffende Prostitution abschaffen. Eine weitere zentrale Zielsetzung war die Forderung, Abtreibung zu legalisieren und die Entscheidung in die Hände der Schwangeren zu legen. Es ist eine Ironie des Schicksals, dass ausgerechnet in diesem frauenfeindlichen Staat einige dieser Forderungen umgesetzt worden sind. So gibt es beispielsweise keine Pornografie mehr. Gewaltsame Übergriffe auf Frauen finden nicht mehr statt, und Prostitution ist offiziell verboten, de facto zumindest stark begrenzt. Doch selbst bei diesen Übereinstimmungen fällt auf, dass die damit verbundenen Rahmenbedingungen in Gilead, die den Frauen jede Freiheit nehmen, gewiss nicht im Sinne der Frauenbewegung sein können. Dazu kommt, dass viele Übergriffe auf Frauen – bis hin zur Vergewaltigung der *Handmaids* – staatlich legalisiert sind. Diese Übergriffe beschränken sich nicht auf physische Gewalt, sondern erstrecken sich auf alle Lebensbereiche. Daneben bleibt auch das zentrale Anliegen, Abtreibung zu erlauben, unerfüllt. Etwas Derartiges ist in Gilead undenkbar. Im Gegenteil: Der Staat verfolgt sogar Ärzte, die in der Zeit vor dem Umbruch Abtreibungen vorgenommen haben, als dies noch nicht unter Strafe stand. Sie werden hingerichtet und mit einem Plakat um den Hals aufgehängt, das einen menschlichen Fötus zeigt (S. 42). Doch nicht nur in dieser Frage können Frauen – wie von den Feministinnen vor Gilead gefordert – nicht über ihren eigenen Körper entscheiden. Es gibt vielmehr keine Situation, in der dies noch für sie möglich wäre. Das neue Regime hat sich somit die Positionen der Frauenbewegung zu eigen gemacht, die in sein eigenes Programm passten. Andere Aspekte wurden dagegen ignoriert oder in ihr Gegenteil verkehrt. Die Frauenbewegung war auch in anderer Hinsicht für die neuen Machthaber hilfreich. Da sie vielfach Gewalt als Mittel zur Durchsetzung ihrer Ziele einsetzte, hat sie dazu beigetragen, den Boden für die Akzeptanz gewaltsamer Methoden zu bereiten. Es war niemals Ziel der Kämpfer für Gilead, die Gleichberechtigung der Frauen durchzusetzen oder auch nur deren Bedürfnisse zu berücksichtigen. Dies stellt der *Commander* im Gespräch mit Offred lapidar fest:

> *You can't make an omelette without breaking eggs, is what he says. We thought we could do better. [...] Better never means better for everyone, he says. It always means worse, for some.* (S. 222)

Das erträglichste Los, so mag man festhalten, haben die *Wives*. Auch sie haben ihre Eigenständigkeit aufgeben müssen, doch können sie verhältnismäßig viele Annehmlichkeiten und Freiheiten genießen. Gegenüber den *Handmaids* sind sie in einer quasi unbeschränkten Herrschaftsposition. Sie dürfen nahezu alles mit ihnen machen – außer sie umzubringen oder so zu verletzen, dass sie ihre Rolle als Gebärmaschinen nicht mehr ausüben können. Sehr große Macht über die *Handmaids* besitzen gleichfalls die *Aunts*. Ihnen obliegt es, die gebärfähigen Frauen auf die Linie des Staates zu bringen und sie in willfährige Befehlsempfänger zu verwandeln, die die ihnen zugedachte Funktion effizient ausüben. Die *Handmaids* selbst übernehmen in Gilead die Rolle, die im Alten Testament Rahels und Leas Mägde innehatten. Sie werden somit Opfer staatlich – und religiös – organisierter Vergewaltigungen, für deren Rechtfertigung höchst fragwürdige Begründungen aus der Bibel abgeleitet werden. Auch die Aufgaben der *Marthas*[26] werden auf religiöse Argumente zurückgeführt. Die Frauen, die bereits vor Gilead verheiratet waren, führen ihr Leben als *Econowives*[27]. Dies gilt allerdings nur, wenn keiner der Ehepartner bereits verheiratet gewesen war und geschieden worden ist. In diesem Fall wird die Ehe aufgelöst, eventuell vorhandene Kinder werden *Wives* zugeteilt, und die Frauen werden – je nach Alter – als *Handmaids* oder *Marthas* eingesetzt, falls sie nicht auf die Kolonien verbannt werden. Dort finden wir die unterste Klasse von Frauen in Gilead. Es handelt sich um alte, kranke Frauen sowie um Gegner des Systems. Ehemalige Nonnen, die nicht bereit sind, ihrem Glauben abzuschwören und als *Handmaids* eingesetzt zu werden, enden ebenfalls auf den Kolonien. Dies gilt in gleicher Weise für *Handmaids*, die drei verschiedenen *Commander* zugewiesen wurden und von keinem schwanger geworden sind. Da all diese Frauen keine der in den Augen des Staates typischen und wichtigen weiblichen Funktionen ausüben, zählen sie im offiziellen Sprachgebrauch nicht mehr zu den Frauen. Sie sind schlicht *Unwomen*.

Nonkonformismus

In Gilead bestehen zwei oppositionelle **Untergrundorganisationen**. *Mayday* hat einen quasi-militärischen Status und versucht, den Staatsapparat zu infiltrieren, um auf diese Weise gegen das Regime zu arbeiten. Die zweite Gruppe mit dem Namen *Underground Femaleroad* agiert dagegen als reine Fluchtorganisation (S. 322).

Abweichungen von der offiziellen Linie – sei es in Taten oder in Gedanken – finden wir aber auch bei den **einzelnen Figuren**. Die Beispiele erscheinen manchmal als recht unbedeutend, doch in diesem strikten System zählen auch Kleinigkeiten, wie Offred im Falle Serena Joys verdeutlicht, die den *Commander* vor der Wohnzimmertür kurz warten lässt: "She likes to keep him waiting. It's a little thing, but in this household little things mean a lot." (S. 97).

Offred verdient in diesem Zusammenhang die größte Beachtung. Bereits das Erzählen ihrer Geschichte ist als Opposition anzusehen. Sie entlarvt auf diesem Wege die Scheinheiligkeit und Brutalität des Regimes und sieht in dieser Handlung zugleich eine Quelle der Hoffnung: „In der Kommunikation mit dem Leser versucht sie eine Sinngebung des Sinnlosen."[28] Außerdem weicht sie aufgrund ihrer Vorgeschichte als Ehefrau eines geschiedenen Mannes von den geltenden Normen ab. Dies gilt noch mehr für den gescheiterten Fluchtversuch. Nach dieser ausgeprägten Handlung gegen den Staat beschränkt sich Offreds Nonkonformismus angesichts der veränderten, restriktiven Situation auf kleine Handlungen. Dazu zählt beispielsweise das lautlose Weitergeben der ursprünglichen Namen (S. 14). Mit Moira kann sie sich mehrmals heimlich auf der Toilette treffen (S. 83, 100). Den *Aunts* schenkt sie nur wenig Glauben (S. 100), kurzzeitig verspürt sie sogar den Wunsch, Aunt Lydia zu erwürgen (S. 123).

Auch im Hause des *Commander* weicht Offred oftmals vom vorgeschriebenen Verhaltenskodex einer *Handmaid* ab. Sie legt beispielsweise heimlich Butter zur Seite, um sich die Haut einzufetten (S. 107). Einen größeren Verstoß bildet ihr nächtlicher Besuch in Serenas Wohnzimmer, verbunden mit der Absicht, dort etwas zu stehlen: "I am out of place. This is entirely illegal." (S. 108). Auf dem Weg zum Einkaufen schaut sie einem Wachtposten direkt in die Augen und schwingt beim Weitergehen ein wenig mit den Hüften:

> *It's an event, a small defiance of rule, so small as to be undetectable, but such moments are the rewards I hold out for myself, like the candy I hoarded, as a child, at the back of a drawer. Such moments are possibilities, tiny peepholes. [...] It's like thumbing your nose from behind a fence or teasing a dog with a bone held out of reach [...]. I enjoy the power; the power of a dog bone, passive but there.* (S. 31/32)

Von besonderer Bedeutung sind hier die Zusammenkünfte Offreds mit dem *Commander.* Das Treffen der beiden verstößt bereits gegen die Gesetze. Das, was sie bei diesen Treffen tun, ist dementsprechend der noch viel größere Regelverstoß. Der *Commander* ermöglicht es Offred, Scrabble zu spielen, alte, verbotene Zeitschriften zu lesen und sogar selbst zu schreiben. Er möchte eine wirkliche Beziehung zu seiner *Handmaid* aufbauen ("What he wants is intimacy [...]." S. 222), da die Ehe mit Serena nur auf dem Papier besteht. Den Höhepunkt bildet der Besuch von *Jezebel's.* Der *Commander* stattet Offred zu diesem Zweck mit in Gilead für *Handmaids* verbotenen Dingen wie einem Abendkleid und Lippenstift aus. Er möchte einerseits mit und vor Offred angeben, doch sein eigentliches Ziel besteht darin, mit ihr losgelöst von den starren Konventionen der Befruchtungszeremonie schlafen zu können.

Diese Treffen gehören in den Augen der Erzählerin mehr und mehr zum Alltag. Dies zeigt sich auch in der Tatsache, dass die

Berichte darüber immer kürzer werden (z. B. S. 166/167, 231/232) – mit Ausnahme des Abends in *Jezebel's* (S. 241–267). Parallel zu dieser fortschreitenden Normalisierung entspannt sich auch das Verhältnis der beiden. Offred wird immer gelöster. Sie ignoriert zunehmend die Regeln. So zieht sie sich beispielsweise die Schuhe aus – ein für *Handmaids* unerhörter Tabubruch. Der *Commander* legt ebenfalls seine anfängliche Verkrampfung ab, trinkt in Offreds Gegenwart Alkohol und setzt sich ihr zu Füßen. Die beiden Figuren ähneln somit augenscheinlich einem miteinander vertrauten alten Paar, das sogar ein Streitgespräch über die Situation der Frauen in Gilead führt (S. 221/222).

Bleibt der Protagonistin angesichts der Annäherungsversuche des *Commander* keine Wahl, so stellt sich ihre Beziehung zu Nick anders dar. Über die heimliche Berührung der Füße (S. 91) und die leidenschaftlichen Küsse in Serenas Wohnzimmer (S. 109/110) kommt es schließlich zu dem von Serena arrangierten Treffen (S. 272–275). Dabei bleibt es aber nicht: Offred geht oft zu Nick und schläft mit ihm. Er wird für sie so wichtig, dass sie immer in seiner Nähe bleiben möchte (S. 280–283). Auf diese Weise erschafft sie sich eine Gegenwelt außerhalb des staatlichen Einflussbereiches, um deren Gefährlichkeit sie dennoch weiß:

> *Being here with him is safety; it's a cave, where we huddle together while the storm goes on outside. This is a delusion, of course. This room is one of the most dangerous places I could be.* (S. 281)

Nicks Position als Fahrer des *Commander* ist für *Mayday* ein doppelter Erfolg: Nicht nur, dass es gelungen ist, jemanden so nahe an die Schaltstellen der Macht zu schleusen, er muss als Fahrer des *Commander* gleichzeitig ein Mitglied der *Eyes* sein, des allseits gefürchteten Geheimdienstes. Dadurch hat er Zugang zu geheimen Informationen und verfügt über weit reichende Kompetenzen. Diese Machtfülle ermöglicht es ihm letztlich, gegen den

Willen des *Commander* die – fingierte – Verhaftung Offreds durchführen zu lassen. Bei Nick sind von Anfang an kleinere Regelverstöße zu erkennen. Er schaut Offred direkt an und redet mit ihr (S. 28, 55), bei der Gebetszeremonie berührt er heimlich ihre Füße (S. 91). Nichts in seinem Verhalten deutet indes auf seine wahre Identität hin. Aus diesem Grunde kommt seine Rolle bei der Befreiung Offreds völlig überraschend (S. 305/306).

Ein weiteres Mitglied von *Mayday* ist Ofglen, mit der Offred sich mehr und mehr anfreundet, bis die beiden Frauen schließlich einander ihre Ablehnung des Systems gestehen können. Ofglen versucht, Offred zur Mitarbeit zu bewegen, gibt aber letztlich auf, da diese aufgrund ihrer Beziehung zu Nick an Veränderungen nicht mehr interessiert ist. Weil Ofglen den Verurteilten bei der *Partícution*-Zeremonie bewusstlos getreten hat und dies nicht unentdeckt geblieben ist, entzieht sie sich der drohenden Verhaftung und Bestrafung durch Selbstmord (S. 297).

Vielfältige Verbindungen zum Untergrund besitzt auch Moira. Nachdem das neue Regime den Frauen alle Rechte genommen und sie völlig in die Abhängigkeit von Ehemännern gestürzt hat, beschließt die lesbische Moira, in den Untergrund zu gehen (S. 188), da sie als bereits sterilisierte, unverheiratete Frau (S. 261) in der neuen Republik keinerlei Chancen gehabt hätte. Nach ihrer Einlieferung in das *Red Centre* – ihre Unfruchtbarkeit ist nicht bekannt – flieht sie zweimal von dort, wird aber jedes Mal verhaftet (S. 100–102, 139–143) und landet schließlich als Prostituierte im *Jezebel's* (S. 256–260). Ihre Abweichungen, die von heimlichen Beleidigungen (S. 230, 234) bis hin zu aktivem Widerstand gegen das Regime reichen, sind immer persönlich motiviert und dienen dem Ziel, ihre eigene Situation zu verbessern.

Nonkonformes Verhalten ist jedoch auch bei Mitgliedern etablierter Gruppen in Gilead zu finden. Besonders krass sind die Verstöße des *Commander*. Er setzt sich willkürlich über bestehende Regeln hinweg, wenn dies seinen eigenen Zielen dient. Die Treffen mit Offred veranschaulichen diese egoistische Ausrichtung sehr deutlich. Der *Commander* verkörpert auf diese Weise die doppelte Moral des Staates, die sich auch schon in der Existenz des Bordells zeigt. Dies gibt er selbst zu, wenn er festhält:

What's dangerous in the hands of the multitudes, he said, with what may or may not have been irony, is safe enough for those whose motives are . . .
Beyond reproach, I said.
He nodded gravely. (S. 166)

Auch für Serena Joy sind persönliche Motive ausschlaggebend. Ihre Weigerung, Offred nach dem Geschlechtsakt mit dem *Commander* die vorgeschriebene Ruhepause zur Erhöhung der Befruchtungschancen zuzugestehen, ist einzig auf ihre Abscheu gegenüber der *Handmaid* zurückzuführen (S. 106). Die ausbleibende Schwangerschaft veranlasst sie zu der häretischen Feststellung: "Maybe he can't." (S. 215) Sie wird jedoch auch selbst aktiv. In der Hoffnung, dass Nicks Bemühungen wirksamer sein könnten, arrangiert sie ein Treffen zwischen Nick und Offred und hält sogar selbst in der Küche Wache, falls eine ihrer Mägde unerwartet auftauchen sollte (S. 271/272). Als Gegenleistung gibt sie Offred nicht nur eine Zigarette (S. 216/217) – Rauchen ist für *Handmaids* strikt verboten –, sondern zeigt ihr auch eine Fotografie ihrer Tochter (S. 216, 240).

Sprache und Bildung

Sprache spielt in *The Handmaid's Tale* eine zentrale Rolle. Sie ist eines der wichtigsten **Herrschaftsinstrumente** des Staates und bleibt weitgehend auf diese Rolle beschränkt. In Gilead dient sie nicht der Kommunikation und damit verbundener Information oder Aufklärung, sondern soll helfen, die Bürger auf die offizielle Linie einzuschwören und eigenständige Gedanken und Handlungen zu verhindern. Auch auf diesem Wege wird der Unterdrückungscharakter des Staates deutlich.

Dieser spezifische Umgang mit Sprache bedingt die Existenz eines staatlich sanktionierten Wortschatzes. Wie in allen Diktaturen gibt es auch in Gilead ganz eigene Bezeichnungen und Ausdrücke, während andere Wörter verboten sind. Dies zeigt sich sehr deutlich an den oben beschriebenen Namen und Anredeformeln. Ein weiteres Beispiel bildet der Kommentar der Fernsehnachrichten. Angehörige anderer Religionsgemeinschaften werden sehr negativ dargestellt. Baptisten erscheinen als Guerillas, Quäker als Häretiker (S. 92/93).

Die gewaltsame Vertreibung von Schwarzen wird mit der beschönigenden Formel „resettlement" umschrieben, während diese Menschen auch sprachlich ausgegrenzt werden, da sie allein aufgrund ihrer Hautfarbe einer Gruppe zugewiesen und als „Children of Ham" bezeichnet werden (S. 93/94). Auch diese Formulierung geht auf die Bibel zurück. Ham war der zweite Sohn Noahs und gilt als der Urvater der Völker Afrikas.[29]

Die restriktive und gelenkte Informationspolitik des Regimes lässt sich darüber hinaus an dem für Frauen bestehenden Verbot des Lesens und Schreibens erkennen. Für sie beschränkt sich Sprache auf das gesprochene Wort, wobei selbst hier noch fundamentale Einschränkungen bestehen. Sogar die Namen der Geschäfte sind als Piktogramme dargestellt, d. h. statt Wörtern zeigen die Schilder nur Bilder. Frauen haben somit – mit Ausnahme der *Aunts* – keinen Kontakt mit geschriebener Sprache. Diese Beschränkung stellt einen Rückfall in längst vergangene Zeiten dar. Offred kann ihre Geschichte nicht aufschreiben, sie kann sie nur erzählen – zunächst in ihrem Kopf, nach ihrer Flucht dann auf Kassetten. Als Ziel des Staates darf man die nahezu vollständige Analphabetisierung der Frauen sehen. Auf diese Weise sind sie wesentlich leichter zu beeinflussen. Selbst Frauen mit Hochschulbildung wie Offred vergessen immer mehr die geschriebene Sprache. Dies zeigt sich deutlich beim Scrabble-Spiel. Erst nach und nach kommen die Erinnerungen an die Wörter wieder. Damit ist ein geradezu körperlich spürbarer Genuss verbunden. Doch es geht nicht ohne Anstrengung:

My tongue felt thick with the effort of spelling. It was like using a language I'd once known but had nearly forgotten, a language having to do with customs that had long before passed out of the world: café au lait at an outdoor table, with a brioche, absinthe in a tall glass, or shrimp in a cornucopia of newspaper. (S. 164)

In diesem Zitat wird zugleich auch die Gefahr deutlich, die unbeschränkter Sprachgebrauch für das Regime bringt: Offred erinnert sich an Dinge, die in Gilead nicht mehr möglich, ja verboten sind. Dies gilt auch für die Frauenzeitschrift, die der *Commander* ihr zur Lektüre gibt. Früher hat sie derartige Magazine verachtet, jetzt aber möchte sie es unbedingt lesen (S. 164/165).

Die oberste Autorität in Gilead besitzt das Wort der Bibel. Ihm wird eine solch hohe Bedeutung beigemessen, dass nur die *Commander* aus der Bibel vorlesen dürfen. Die Bibel selbst ist weggeschlossen (S. 97–99). Damit befindet sich der *Commander* auch in dieser Hinsicht in einer Machtposition, wie Offred explizit festhält: "He has something we don't have, he has the word." (S. 99). Die Aussagen der Bibel werden in Gilead wörtlich genommen. Es gibt keine Auslegung oder Interpretation von Bibelstellen, der Text stellt schlicht die Wahrheit dar.

Die Strategie des Regimes geht auf. Selbst Offred, die dem System sehr ablehnend gegenübersteht, kann sich den Auswirkungen der beschriebenen Beschränkungen nicht entziehen. Beim Einkauf mit Ofglen begegnet ihr eine Gruppe japanischer Touristen. Offred beschreibt detailliert die Kleidung der Frauen: Sie tragen knielange Röcke und dünne Strümpfe sowie Schuhe mit hohen Absätzen. Ihre Haare sind nicht verborgen. Zudem haben sie Lippenstift aufgetragen. Dieses Erscheinungsbild, das nach unseren Maßstäben kaum als besonders gewagt bezeichnet werden kann, ist für die beiden *Handmaids* bereits so ungewöhnlich, dass sie davon angezogen, aber auch abgestoßen werden:

We are fascinated, but also repelled. They seem undressed. It has taken so little time to change our minds, about things like this. (S. 38)

Atwood betont in ihrem Roman somit die zentrale Rolle von Bildung und Erziehung. Ohne Bildung sind Menschen leicht zu manipulieren. Sie glauben an die einfachen Lösungen, die ihnen vorgegaukelt werden, und stellen keine Fragen. Ihnen ist es kaum möglich, ein realistisches Bild von der Welt zu entwickeln.

5 Interpretation von Schlüsselstellen

Offreds erste Begegnung mit Serena Joy (S. 23–26)

Die Erzählerin berichtet im Rückblick von dem Tag, an dem sie der Frau ihres neuen *Commander* zum ersten Mal gegenübersteht. Auf wenigen Seiten werden dabei die Rahmenbedingungen klar, die Offreds Leben in diesem Haushalt grundlegend bestimmen. Sie wird von einem *Guardian* zur Haustür geleitet. Am ersten Tag ist es den *Handmaids* gestattet, den Vordereingang zu benutzen, danach steht ihnen nur noch die Hintertür offen. Offred geht davon aus, dass auf das Schellen des *Guardian* hin eine *Martha* die Tür öffnet. Doch es ist die Herrin des Hauses selbst, die ihr entgegentritt. Mehr noch, Serena hat offensichtlich schon hinter der Tür gewartet. Bereits die ersten Sekunden machen klar, worauf Offred sich einzustellen hat: Serena begrüßt sie kühl und herablassend. Zudem blockiert sie den Eingang, um Offred die Machtverhältnisse vor Augen zu führen:

> *"So, you're the new one", she said. She didn't step aside to let me in, she just stood there in the doorway, blocking the entrance. She wanted me to feel that I could not come into the house unless she said so.* (S. 23)

Als Serena den *Guardian* wegschickt, hat Offred das Gefühl, ihr würde eine schützende Hand entzogen. Selbst diesen Mann, zu dem sie keine Beziehung hatte, sieht sie als Schutz gegenüber Serena, so ausgeprägt sind ihre Einsamkeit und ihre Enttäuschung.

Offred schaut Serena nicht ins Gesicht, demütig hat sie ihre Augen gesenkt und blickt auf Serenas Taille. Die wenigen Details, die sie dabei erkennt, lassen erneut wichtige Rückschlüsse zu. Vor Offred steht eine Frau, für die ein schöneres Äußeres in der Zeit vor Gilead sehr wichtig war. Ihre Eitelkeit zeigt sich bereits im elfenbeinernen Griff ihres Stocks: Wenn sie schon ein solches Hilfsmittel benötigt, dann muss es zumindest etwas Exklusives haben. Dies erkennt man ebenfalls an der Tatsache, dass sie auch jetzt noch einen Diamantring trägt und die Fingernägel in Form feilt. Doch die Finger haben trotz der erkennbaren Pflege ihre Schönheit eingebüßt, so dass Serenas früheres Ideal offensichtlich nicht mehr aufrechtzuerhalten ist. Diese Einschränkung wird durch die Beschreibung der Taille weiter betont. Der Begriff „thickened“ bringt zum Ausdruck, dass die Taille einmal wesentlich schlanker war. Augenscheinlich gibt es für Serena keine Veranlassung mehr, auf ihre Linie zu achten.

Als der *Guardian* weggefahren ist, dreht Serena sich abrupt um und geht, auf ihren Stock gestützt, ins Haus. Die Ansprache an Offred ist erneut wenig freundlich: “You might as well come in.” (S. 24). Offred spricht Serena nicht direkt an, sondern beschränkt sich darauf, auf deren Fragen zu antworten. Im Wohnzimmer wird sie von Serena erwartet. Sie hat sich gesetzt, ihren linken Fuß auf einem Schemel. Das Strickzeug liegt neben ihr auf dem Boden. Offred steht vor ihr mit gefalteten Händen. Durch diese Positionsverteilung wird erneut das Machtgefüge augenfällig demonstriert. Sitzen ist eindeutig mit der höheren Stellung verbunden, während Stehen die Unterwürfigkeit zum Ausdruck bringt.

Dann jedoch keimt in Offred Hoffnung auf. Serena raucht Zigaretten. Da diese nur auf dem Schwarzmarkt zu beziehen sind, hofft sie, dass die Frau des neuen *Commander* auch in anderer Hinsicht die Regeln brechen könnte. Doch diese Hoffnung schlägt schnell in Entsetzen um. Serena äußert sich herablassend über Offreds letzten *Commander*: “So old what's-his-name didn't work out.” (S. 24). Nachdem Offred ihr mitgeteilt hat, dass dies nunmehr ihre dritte Stelle sei, erlaubt Serena ihr, sich ausnahmsweise zu setzen. Nun kann die *Handmaid*, die besonders darauf achtet, im Zimmer nicht herumzustarren, erstmals Serenas Gesicht sehen. Es kommt ihr auf Anhieb bekannt vor. Sie sieht unter dem blauen Schleier blondes Haar, das sie als vielleicht gefärbt einschätzt. Weitaus wichtiger sind jedoch die Augen, die sie mit einem kalten Blick fixieren, „a blue that shuts you out“ (S. 25). Zu diesem Blick passt, dass Serena zu Offred sagt, sie möchte sie möglichst wenig sehen. In ihren Augen handelt es sich bei Offreds Aufenthalt im Haus des *Commander* und ihrer damit verbundenen Aufgabe gleichsam um eine geschäftliche Transaktion. Sie macht Offred unmissverständlich klar, dass sie mit Problemen zu rechnen habe, falls sie selbst welche verursache: "But if I get trouble, I'll give trouble back. You understand?" (S. 25). Auf die Ansprache „Ma'am“ reagiert sie gereizt. Offred ist enttäuscht. Gerne hätte sie in der Ehefrau des neuen *Commander* eine ältere Schwester gehabt oder ihr eine mütterliche Rolle zugeschrieben. Sie möchte glauben, dass sie die Frau unter anderen Umständen leiden könnte, doch es ist überdeutlich, dass auch dies nie der Fall gewesen wäre. Trotz der vorgegebenen Rollenverteilung bleibt in Offred also der Wunsch nach einer Beziehung und nach Nähe, wie sie in der Zeit vor Gilead möglich waren.

Serena schließt die Feststellung an, der *Commander* sei ihr Ehemann – eine klare Warnung an Offred, sich ausschließlich auf ihre Funktion zu beschränken. Wie sich später zeigt, ist diese Warnung in doppelter Hinsicht angebracht, denn sowohl Offreds Vorgängerin als auch sie selbst haben ein Verhältnis mit dem *Commander*. Dass an Serenas Entschlossenheit nicht zu zweifeln ist, unterstreicht sie durch die Art, ihre Zigarette zu löschen:

> *She put her cigarette out, half-smoked, in a little scrolled ashtray on the lamp table beside her. She did this decisively, one jab and one grind, not the series of genteel tabs favoured by many of the* Wives. (S. 26)

Offred realisiert abrupt, wen sie vor sich hat. Diese Erkenntnis trifft sie wie ein Schlag: "The woman sitting in front of me was Serena Joy. Or had been, once. So it was worse than I thought." (S. 26).

Offreds erstes Treffen mit dem *Commander* (S. 147–150)

Diese Szene bildet einen entscheidenden Wendepunkt im Handlungsverlauf. Nun eröffnet sich für Offred eine neue Perspektive. Die Monotonie des Alltags scheint durchbrochen werden zu können. Von besonderer Wichtigkeit ist die Tatsache, dass wir als Leser dieses Geschehen aus der Sicht der Protagonistin sehen und es dadurch gleichsam aus ihrer Perspektive miterleben.

Die Bedeutung des Raumes für Offred wird bereits in der detaillierten Beschreibung der Ausstattung erkennbar. Am wichtigsten für sie sind dabei die Bücher, was sich in ihrer Schilderung durch die Wiederholungen zeigt: „Books and books and books“ (S. 147). Für die Erzählerin ist der Raum eine Art Oase inmitten der „Wüste“ des täglichen Lebens in Gilead, eine Oase des Verbotenen („an oasis of the forbidden“, S. 147). Sie muss sich zwingen, die Regale nicht anzustarren.

Der *Commander* steht in einer einstudierten Pose vor dem offenen Kamin, in dem jedoch kein Feuer brennt – ein deutlicher Hinweis auf die Unnatürlichkeit der Situation. Er begrüßt Offred mit einem schlichten „Hello“. Dies ist jedoch in Gilead verpönt. Offred hat diese alte Anredeformel seit Jahren nicht mehr gehört und ist den Tränen nahe. Als der *Commander* ihr einen Stuhl vor seinem Schreibtisch anbietet, selbst aber dahinter Platz nimmt, ist ihr klar, dass er ihr keine sexuelle Gewalt antun wird. Dennoch fühlt sie sich, als ob sie den Boden unter den Füßen verloren hätte. Auch der *Commander* ist in seiner Rolle nicht sicher. So beginnt er das Gespräch mit der skurrilen Feststellung: “You must find this strange.” (S. 148), so als wäre dies lediglich ein unerwartetes Ereignis für Offred. Sie sieht darin eine kolossale Untertreibung, „the understatement of the year“ (S. 148). Er ist nicht in der Lage, Offred seine Wünsche mitzuteilen. Obwohl die Hierarchie ganz klar ist, fällt es ihm schwer, ihr gegenüber etwas Persönliches auszudrücken. Offred ihrerseits ist begierig zu erfahren, was der *Commander* möchte. Aber sie erkennt auch, dass Übereifer ihre Position schwächen würde. Wie bei einer Verhandlung hält sie sich zurück und wartet auf das Eröffnungsangebot des *Commander*. Dem ist die Situation offensichtlich peinlich und er hat sie keineswegs unter Kontrolle.

Als er ihr sein Anliegen schließlich nennt, bleibt er trotz aller Regelverstöße der offiziellen Rollenverteilung insoweit verhaftet, als er dies als eine Aufforderung an die Frau formuliert ("I'd like you to play a game of Scrabble with me.", S. 148) und sich nicht selbst als den Aktiven darstellt ("I'd like to play a game of Scrabble with you."). Für Offred spielen diese Nuancen indes keine Rolle. Sie zeigt äußerlich zwar keinerlei Regung, doch nur mit Mühe kann sie einen Lachanfall unterdrücken – dem sie später in ihrem Zimmer dann doch erliegt (S. 156). Statt der erwarteten sexuellen Perversionen liegt nun ein Scrabblespiel vor ihr. Dies war früher ein Spiel für alte Leute oder für Heranwachsende. Jetzt aber besitzt es eine völlig andere Bedeutung: Nun ist es verboten, gefährlich, begehrenswert. Entsprechend sind auch ihre Reaktionen beim Spielen. Sie ist begeistert und erlebt alles gleichsam körperlich.

> *I hold the glossy counters with their smooth edges, finger the letters. The feeling is voluptuous. This is freedom, an eyeblink of it. [...] What a luxury. The counters are like candies, made of peppermint, cool like that. Humbugs, those were called. I would like to put them into my mouth. They would also taste of lime. The letter C. Crisp, slightly acid on the tongue, delicious.* (S. 149)

Auch nach dem Ende des Spiels bleibt der *Commander* in seinem Verhalten und seiner Wortwahl längst überholten Konzepten von Galanterie treu. Er sagt Offred, es sei nun Zeit für sie, nach Hause zu gehen, und fragt sie, ob sie zurechtkäme. Auf diese Weise versucht er, die Realität zu verschleiern, so als wäre Offred eben nicht eine ihm zugeteilte *Handmaid*, sondern eine Frau, die er selbst erobert hätte. Er bedankt sich sogar bei ihr für das Spiel, als ob sie eine echte Wahl gehabt hätte. Abschließend möchte er die Illusion vervollkommnen und bittet Offred, sich mit einem Kuss von ihm zu verabschieden. Offred berührt daraufhin seine Lippen, doch dies ist kein echter Kuss für ihn. Obwohl sie ihn seit längerem kennt und auch schon die Befruchtungszeremonie über sich ergehen lassen musste, sodass die Gerüche ihr vertraut sind, erscheint er für sie wie ein Mann, den sie gerade erst kennen gelernt hat: "But he's like someone I've only just met." (S. 150).

Als Offred in ihrem Zimmer danach auf die Ereignisse zurückblickt, fügt sie oppositionelle Gedanken hinzu, die sie in der Situation selbst jedoch nicht hatte. So überlegt sie, wie es wäre, den Spülkasten der Toilette aufzuschrauben und den spitzen Hebel auszubauen, um ihn – wie Moira bei Aunt Elizabeth (S. 140) – beim nächsten Treffen als Waffe gegen den *Commander* zu benutzen.

Offred und Ofglen (S. 173–179)

Die beiden *Handmaids* gehen bereits seit längerer Zeit jeden Tag gemeinsam zum Einkaufen. Mittlerweile haben sie sich aneinander gewöhnt, sie fühlen sich wie siamesische Zwillinge. So ignorieren sie beispielsweise die vorgeschriebenen Begrüßungsformeln. Wenn sie sich treffen, lächeln sie und begeben sich auf ihren Weg. Dies gilt auch für den heißen Sommertag, den die Erzählerin in diesem Kapitel beschreibt. Die Frauen haben die Einkäufe bereits erledigt und gehen zur Mauer. Dabei kommen Offred Erinnerungen an die Zeit vor Gilead. Sie denkt zurück an ein Eiscafé, zu dem sie früher mit ihrer Tochter ging. An der Mauer hängen keine Leichen. Dies ist ein Anblick, der für Offred noch schwerer zu ertragen ist, steigert er doch die Ungewissheit über Lukes Schicksal. Wenn sie Leichen an der Mauer sieht, kann sie wenigstens feststellen, dass Luke nicht dabei ist.

Ofglen ergreift wie so oft die Initiative und schlägt vor, weiterzugehen. Sie hat ihre Passivität und Melancholie teilweise abgelegt. Die beiden Frauen setzen sich wieder in Bewegung und laufen in Richtung eines Geschäftes mit dem Namen *Soul Scrolls*, von dem es in jeder größeren Stadt eine Filiale gibt. Vor dem Schaufenster aus bruchsicherem Glas bleiben sie stehen. Im Geschäft arbeiten keine Menschen, dort befinden sich lediglich Druckmaschinen, die von den *Handmaids* respektlos *Holy Rollers* genannt werden. Diese Maschinen drucken Gebete aus, die von den Kunden telefonisch in Auftrag gegeben worden sind. Die Kunden können zwischen fünf Gebeten wählen, die die Bereiche Gesundheit, Reichtum, Tod, Geburt und Sünde abdecken. Vor allem *Wives* geben Bestellungen auf, da dies als Zeichen von Frömmigkeit und Linientreue angesehen wird und der Karriere ihrer Männer helfen kann. Während des Drucks sprechen metallische Stimmengeneratoren die Gebete. Von außen klingt dieses Geräusch wie das beständige Murmeln einer frommen Menge, die im Gebet versunken ist.

Diese bizarre Einrichtung löst bei den *Handmaids* indes nicht die gewünschte Reaktion aus. Zunächst schweifen die Gedanken der Erzählerin wieder zurück in die Zeit vor Gilead. Sie erinnert sich an die ursprüngliche Nutzung des Geschäftes. Pikanterweise war es damals ein Laden für Damenunterwäsche. Ein größerer Gegensatz zur Verwendung in Gilead ist kaum vorstellbar. Auch auf diese Weise wird die Glaubwürdigkeit dieser Einrichtung in Frage gestellt. Wir finden hier einen erneuten Hinweis auf die doppelte Moral des Regimes. Darüber hinaus ist diese Szene auch für die Handlung von entscheidender Bedeutung. Zum ersten Mal sehen sich die Frauen in die Augen, wenn auch über den Umweg der Glasscheibe. Ofglen hält Offreds langem Blick stand. Doch diese Änderung ist nicht ausschließlich positiv. Offred ist geschockt. Den direkten Blickkontakt vergleicht sie mit dem Moment, in dem man jemand anderen zum ersten Mal nackt sieht. Außerdem spürt sie das Risiko, das sie damit eingegangen ist:

> *There's shock in this seeing; it's like seeing somebody naked, for the first time. There is risk, suddenly, in the air between us, where there was none before.* (S. 176)

Diese Anspannung wird durch Ofglens nächste Bemerkung noch weiter gesteigert. Die Frage, ob Gott nach Offreds Meinung den Gebeten der Maschinen zuhört, kommt Hochverrat gleich: „Subversion, sedition, blasphemy, heresy, all rolled into one“ (S. 177). Alles hängt jetzt von Offreds Reaktion ab. Sie könnte laut aufschreien, wegrennen oder sich einfach umdrehen. Doch Offred entscheidet sich für das Risiko. Sie verneint die Frage und begibt sich damit ihrerseits in Ofglens Hände, die eine Spionin sein könnte. Ihre Entscheidung erweist sich jedoch als richtig: Auch Ofglen glaubt nicht an die Wirksamkeit dieser Gebete. Damit haben die beiden Frauen die unsichtbare Linie überschritten und sich ihre Gegnerschaft zum System eingestanden und sind Komplizinnen gegen das Regime. Im Falle Ofglens besitzt dies eine unmittelbare Bedeutung, denn sie ist Mitglied von *Mayday* und bietet Offred an, der Untergrundorganisation beizutreten. Erneut fragt diese sich ängstlich, ob all dies zutrifft oder ob Ofglen nicht doch eine Spionin ist. Dann aber siegt die damit verbundene Hoffnung.

Auf dem Rückweg wird der Erzählerin die Macht des Regimes drastisch vor Augen geführt. Plötzlich hält ein Van des Geheimdienstes direkt vor ihnen. Offred ist der Panik nahe, und befürchtet, jetzt verhaftet zu werden. Als die *Eyes* aber einen Mann zusammenschlagen und in den Van werfen, spürt sie nur Erleichterung, dass nicht sie das Opfer ist – von Mitgefühl für den Verhafteten ist nicht die Rede.

Offred und der *Commander* besuchen *Jezebel's* (S. 241–267)

Diese Szene, die sich über vier Kapitel erstreckt, bildet in mehrfacher Hinsicht einen Höhepunkt. Dies betrifft zunächst das Verhältnis zwischen Offred und dem *Commander*. Bereits beim Eintritt in sein Zimmer bemerkt die Protagonistin, dass er erkennbar getrunken hat. Offensichtlich ist sein Anliegen, Offred ins *Jezebel's* auszuführen, für ihn nur schwer auszusprechen. Die Protagonistin spürt Verlegenheit und Unsicherheit hinter der Pose des *Commander*, daran können auch dessen Drinks nichts ändern (S. 241). Er stattet sie mit Abendkleid und Make-up aus. Die Krönung stellt jedoch Serenas blauer Mantel dar, den Offred für die Kontrollpunkte überzieht. Nicht nur, dass der *Commander* gegen fundamentale Regeln verstößt, er benutzt dazu auch noch ausgerechnet den Mantel seiner Frau (S. 243/244). Wichtig ist hier zudem, dass er zu den Stammkunden von *Jezebel's* zählt (S. 245).

Dort angekommen, beschreibt die Erzählerin wieder sehr detailliert die Szenerie. Für sie wirkt dieser Ort auf der einen Seite sehr schmerzhaft, denn das Bordell ist in einem Hotel untergebracht, in dem sie sich früher oft mit Luke getroffen hat (S. 246/247). Auf der anderen Seite keimt in ihr neue Hoffnung auf, hervorgerufen durch die Prostituierten, die es nach offizieller Doktrin gar nicht geben dürfte:

> *Certainly I am not dismayed by these women, not shocked by them. I recognize them as truants. The official creed denies them, denies their very existence, yet here they are. That is at least something.* (S. 247)

Der *Commander* gibt mit und vor Offred an (S. 248). Er genießt die doppelte Demonstration seiner Stärke. Seiner *Handmaid* gegenüber macht er deutlich, dass er in diesem krassen Maße die Gesetze brechen kann. Den anderen Gästen gegenüber präsentiert er Offred wie eine Beute. Es freut ihn, dass diese sie prüfend anschauen. Den Gipfel der Machtfülle bildet die Tatsache, dass es sich bei dieser Frau um seine *Handmaid* handelt, d.h. dass er nicht nur gegen die Regeln verstößt, sondern sie geradezu auf den Kopf stellt: Alles, was den *Handmaids* im *Red Centre* eingehämmert worden ist, zieht er mit dieser Handlung ins Lächerliche.

Seine Begründung für die Existenz von *Jezebel's*, das für die Protagonistin zu den gravierendsten Abweichungen in Gilead zählt, ist gleichfalls sehr bezeichnend. Bordelle seien zwar offiziell verboten, doch schließlich sei jeder nur ein Mensch. Frauen zählen für ihn aber offensichtlich nicht zu den Menschen, sie sind wie Maschinen nur insoweit interessant, wie sie ihre Funktionen ausüben. Dies wird in seiner weiteren Argumentation deutlich:

> *"It means you can't cheat Nature," he says. "Nature demands variety, for men. It stands to reason, it's part of the procreational strategy. It's Nature's plan." [...] "Women know that instinctively. Why did they buy so many different clothes, in the old days? To trick the men into thinking they were several different women. A new one each day."* (S. 249)

Der Besuch des Bordells erweist sich für Offred noch in anderer Hinsicht als bedeutsam, auch wenn dies wiederum mit einer schmerzhaften Erkenntnis verknüpft ist. Sie sieht nämlich Moira in der Reihe der Prostituierten. In die Freude über das Wiedersehen mischt sich die Enttäuschung, dass Moiras Flucht letztlich doch gescheitert ist, nachdem Offred lange von einem guten Ende ausgehen konnte (S. 143). Diese Niedergeschlagenheit rührt nicht allein aus Moiras Schicksal. Für die Protagonistin kommt hinzu, dass mit Moiras Scheitern auch die Ideale des heroischen Widerstands, die sie in ihrer Freundin verkörpert sah, zerstört sind (S. 261). Doch damit nicht genug: Dies ist auch das letzte Mal, dass Offred und Moira sich sehen (S. 262). Jetzt ist die Trennung für die Protagonistin sehr negativ, denn anders als nach dem Fluchtversuch ist klar, dass Moira endgültig verloren hat.

Der *Commander* geht schließlich mit Offred in eines der Zimmer. Ihre Abhängigkeit von ihm wird auch bildlich zum Ausdruck gebracht. Mit den ungewohnten hochhackigen Schuhen kann sie ohne den stützenden Arm des *Commander* kaum laufen und droht hinzufallen: "Without the Commander's arm to steady me I'm off balance [...]." (S. 252). Sie fasst ihre Situation bei einem Blick in den Spiegel prägnant zusammen: „I'm a wreck" (S. 265). Auch wenn sich diese Aussage direkt lediglich auf das verschmierte Make-up bezieht, so bringt sie doch die gesamte Lage treffend zum Ausdruck. Als sie schließlich – anders als bei der Befruchtungszeremonie – mit dem *Commander* allein im Bett ist, wünscht sie sich Serenas Gegenwart (S. 266). Sie möchte mit dem Mann nicht allein sein, auch wenn diese Zweisamkeit ihrem früheren Bild von Sex – und ihrer späteren Beziehung zu Nick – entspricht. Deswegen fällt es ihr schwer, Gefallen an den Handlungen des *Commander* vorzutäuschen, geschweige denn zu empfinden – zumal dieser seine Macht über sie durch die Berührung der Tätowierung an ihrem Knöchel, die wie ein Brandzeichen ein Besitzverhältnis ausdrückt, noch einmal klar betont hat (S. 266/267).

Atwood und Orwell

The Handmaid's Tale weist zahlreiche Parallelen zu Orwells *Nineteen Eighty-Four* auf, die weit über das übliche Maß an Übereinstimmungen zwischen Dystopien hinausreichen. Dies betrifft bereits die **grundlegende Konstellation**.[30] In beiden Romanen stehen Figuren im Mittelpunkt, die eine Geschichte erzählen. Dies tun sie, weil sie in ihrer Lebenssituation nur auf diese Weise die Hoffnung auf Besserung am Leben erhalten können. Winston Smith notiert in *Nineteen Eighty-Four* seine Erinnerungen und Gedanken in einem Tagebuch und verstößt damit gegen das Gesetz. Diese Art der Schriftlichkeit ist in Gilead nicht möglich, sodass Offred ihren Bericht im wörtlichen Sinne erzählt. Wie Winston ist auch Offred auf der Suche nach der Wahrheit, nach dem, was wirklich geschieht: "I would like to know. [...] What's going on." (S. 198). Doch es gibt auch Ereignisse, die eigentlich zu schmerzhaft sind, als dass man sie erzählen könnte. Sowohl Offred als auch Winston zwingen sich in diesen Fällen dazu, es doch zu tun. In Offreds Fall handelt es sich um die gescheiterte Flucht mit ihrer Familie, bei Winston geht es um einen Besuch bei einer alten Prostituierten. Eine weitere Gemeinsamkeit sind die Träume der beiden Protagonisten, in denen sie unter anderem negative Erlebnisse verarbeiten.

Parallelen lassen sich gleichfalls auf der Ebene der **Figuren** finden. In *Nineteen Eighty-Four* entwickelt Winston, der von seiner Frau getrennt lebt und nicht weiß, ob sie noch lebt, eine verbotene Liebesbeziehung zu Julia. Nach anfänglichen geheimen Treffen an verschiedenen Orten, z. B. im Wald oder auf einem verlassenen Kirchturm, wird ein Zimmer über einem Antiquitätengeschäft zu ihrem Zufluchtsort. Winston hat es vom

Besitzer des Geschäftes gemietet. Die Sicherheit des Zimmers erweist sich jedoch als trügerisch, denn die Liebenden werden dort während der gesamten Zeit von der Polizei beobachtet und schließlich festgenommen. Auch Offred ist über das Schicksal ihres Mannes nicht informiert. Gegen Ende des Romans verliebt sie sich in Nick und trifft sich heimlich mit ihm in dessen Wohnung über der Garage. Doch dieser Ort ist ebenfalls gefährdet. Anders als Winston kann sie einer Verhaftung aber durch die von Nick inszenierte Flucht entkommen.

Darüber hinaus fallen Übereinstimmungen bei den **Ideologien** der Staaten auf. Liebe zwischen zwei Menschen ist in beiden Systemen verboten. Orwells *Oceania* sieht ausschließlich die Liebe der Bürger zum mystischen Staatsoberhaupt *Big Brother* vor. In Gilead wird dies auf die vom Regime vorgegebene Vorstellung von Gott gelenkt. Der Geschlechtsakt ist in beiden Fällen auf die bloße Zeugungsfunktion reduziert. Die Figuren sehen in ihm lediglich eine Pflichterfüllung, die in *The Handmaid's Tale* durch die bizarren Rahmenbedingungen der Befruchtungszeremonie sehr augenfällig zum Ausdruck gebracht wird. Leidenschaft und Liebe dürfen hier keine Rolle spielen. In beiden Systemen gibt es jedoch auch Abweichungen von dieser Regel. Offred muss bei ihrem Besuch von *Jezebel's* erfahren, dass Prostitution entgegen der offiziellen Doktrin nicht gänzlich beseitigt worden ist. Sie wird im Gegenteil vielmehr vom Staat geduldet, ja sogar gefördert. In *Oceania* bieten sich viele Frauen aus der *Prole*-Schicht, der ungebildeten, gleichsam wie Tiere vegetierenden Masse der Bevölkerung, als Prostituierte an. Dies wird vom Staat in gewissem Rahmen toleriert. Wird ein Parteimitglied jedoch beim Sex mit einer *Prole*-Prostituierten erwischt, wird er hart bestraft.

Von entscheidender Bedeutung für den Staat in *Nineteen Eighty-Four* ist das Konzept des *Doublethink*. Es bedeutet, dass die Menschen in der Lage sind, gleichzeitig an zwei gegensätzliche, einander ausschließende Wahrheiten zu glauben und sich dieser Gegensätzlichkeit nicht bewusst zu sein. Dieses Phänomen begegnet dem Leser auch in *The Handmaid's Tale*. So erzählt Offred drei verschiedene Versionen von dem, was mit Luke passiert ist, und glaubt an alle drei:

> *The things I believe can't all be true, though one of them must be. But I believe in all of them, all three versions of Luke, at one and the same time. This contradictory way of believing seems to me, right now, the only way I can believe anything. Whatever the truth is, I will be ready for it.* (S. 116)[31]

Eine weitere Gemeinsamkeit bildet die hohe Bedeutung, die der Bewahrung des klaren Verstandes beigemessen wird. Ihn nicht zu verlieren, ist für Winston das Wichtigste. Solange er seine *sanity* hat, kann passieren, was will. In ähnlicher Weise äußert sich auch Offred: "Sanity is a valuable possession; I hoard it the way people once hoarded money [...]." (S. 119). Die Menschen in Gilead können nie sicher sein, ob die Informationen, die sie beispielsweise vom Fernsehen erhalten, richtig sind. Offred geht davon aus, dass die Bilder von gefangenen Baptisten mit Schauspielern aufgenommen worden sind (S. 92–93). In *Oceania* ist diese Verzerrung noch ausgeprägter, denn dort passt das Regime die Wahrheit jeweils ihren wechselnden Bedürfnissen an. Die völlige Abwesenheit von Individualität in einer Gesellschaft, die den Einzelnen nur noch als anonymes Mitglied der Masse wahrnimmt, findet ihren Ausdruck in den zahlreichen Tiervergleichen. Orwell greift häufig auf Bilder von Ameisen oder Insekten allgemein zurück. Genau dies begegnet einem auch in *The Handmaid's Tale*. In ihrer Schilderung der *Prayvaganza* beispielsweise beschreibt die Erzählerin die anwesenden *Handmaids* mit den Begriffen „ants" und „insects" (S. 225–226). Das Gesicht des Direktors der Bibliothek, in der Offred arbeitete, gleicht einem Schaf (S. 31). Dies ist exakt das

Bild, das die Partei in *Oceania* für die Darstellung und Herabwürdigung ihres – imaginären – Erzfeindes Goldstein benutzt.

Die Parallelen zwischen den beiden Romanen reichen auch in die **Handlung** hinein. Die Regime sind in ständige Kriegshandlungen verwickelt. Auch wenn dies im Falle Gileads stärker Kampfhandlungen im Innern betrifft, so sind die Auswirkungen auf das tägliche Leben der Menschen deutlich spürbar. Zwar ist der Lebensstandard in Gilead höher als in *Oceania*, doch auch hier sind die Qualität und Verfügbarkeit der Lebensmittel stark eingeschränkt: Richtigen Kaffee gibt es wie bei Orwell nur für die oberste Schicht (S. 20). Hinrichtungen werden von beiden Staaten als öffentliche Ereignisse inszeniert. Die Regime kanalisieren die Emotionen ihrer Bürger und erzeugen gezielt Hassgefühle. In Gilead wird dies beispielsweise durch die *Particicution*-Zeremonien und die Lehrfilme für die *Handmaids* erreicht. In *Oceania* werden die Bürger täglich mit den *Two Minutes Hate* und darüber hinaus in regelmäßigen Abständen mit der *Hate Week* konfrontiert. Offred stellt bei einem Einkaufsgang fest, die jungen *Guardians* seien oft am gefährlichsten: "The young ones are often the most dangerous, the most fanatical, the jumpiest with their guns." (S. 30). Auch in *Oceania* geht von den Jungen große Gefahr aus, denn sehr oft denunzieren Kinder ihre eigenen Eltern.

Wenn Offred und Ofglen sich auf ihren Einkaufsgängen unterhalten, müssen sie auf eine ganz bestimmte Technik zurückgreifen, die mit Konversation in unserem Sinne nichts gemein hat. Sie können immer nur in Bruchstücken reden:

> *After this ritual viewing we continue on our way, heading as usual for some open space we can cross, so we can talk. If you can call it talking, these clipped whispers, projected through the funnels of our white wings. It's more like a telegram, a verbal semaphore. Amputated speech.* (S. 211)

Genau diese Technik benutzen Winston und Julia bei ihren Versuchen, sich in den Straßen der Stadt zu unterhalten. Sie können dicht nebeneinander laufen und unterbrechen das Gespräch, wenn sich jemand nähert, um es kurz danach am selben Punkt wieder aufzunehmen. Dieses Verfahren bezeichnen Winston und Julia als *talking in instalments.* Auch den Glauben an die Existenz einer Widerstandsbewegung teilen die Protagonisten der beiden Werke.

Als letzter Bereich ist hier kurz die **Struktur** der Romane anzusprechen. Viele der Informationen über Gilead erhalten wir durch die als Anhang konzipierten *Historical Notes.* Atwood bedient sich hier somit eines erzähltechnischen Mittels, das außerhalb der eigentlichen Handlung liegt. Wie aus der Warte von Kommentatoren werden hier grundlegende Aspekte des Systems geschildert. Vergleichbares finden wir in *Nineteen Eighty-Four* sogar in doppelter Hinsicht. Zahlreiche Hintergrundinformationen sind ebenfalls von der Handlung abgetrennt. *The Book,* das angeblich von Goldstein verfasst worden ist, in Wirklichkeit aber ein von der Partei selbst geschriebenes Traktat über die Struktur und die Ziele des Regimes ist, liefert dem Leser zahlreiche Hintergrundinformationen. Darüber hinaus findet sich im Anhang eine Abhandlung über die Prinzipien von *Newspeak,* der von der Partei geschaffenen neuen Sprache. Dieser Anhang verdeutlicht schließlich eine weitere grundlegende Parallele, die sich nicht auf Anhieb erkennen lässt. Anders als Orwells Roman endet *The Handmaid's Tale* mit der Flucht der Protagonistin und vermittelt dadurch Hoffnung. Zudem wird in den *Historical Notes* deutlich, dass Gilead längst untergegangen ist und eine offensichtlich wesentlich freiere Staatsform existiert. Diese positive Note fehlt in *Nineteen Eighty-Four.* Atwood hingegen deutet auch das Ende von Orwells Antiutopie als nicht ausschließlich negativ und weist somit selbst auf eine in ihren Augen bestehende Übereinstimmung mit *The Handmaid's Tale* hin:

> *In fact, Orwell is much more optimistic than people give him credit for… Most people think the book ends when Winston comes to love Big Brother. But it doesn't. It ends with a note on Newspeak, which is written in the past tense, in standard English – which means that, at the time of writing the note, Newspeak is a thing of the past.*[32]

Auch wenn diese Interpretation nur von wenigen Lesern geteilt wird, so bleibt die Tatsache bestehen, dass Atwood hier eine Parallele erkennt.

Literaturhinweise

Verwendete Ausgabe

ATWOOD, MARGARET: *The Handmaid's Tale*. Vintage: London 1996.

Sekundärtexte

COOKE, NATHALIE: *Margaret Atwood. A Biography*. ECW Press: Toronto 1998.

Darstellung des Lebens von Margaret Atwood.

COOKE, NATHALIE: *Margaret Atwood. A Critical Companion.* (Critical Companions to Popular Contemporary Writers) Greenwood Press: Westport, Conn. 2004.

Einführung in die Romane und die zentralen Themen; Kurzbiografie; Darstellung der Einflüsse kanadischer Schriftsteller; Analyse von *Cat's Eye, The Handmaid's Tale, The Blind Assassin.*

DVORAK, MARTA (Hrsg.): *„The Handmaid's Tale". Margaret Atwood.* Ellipses: Paris 1998.

Sammelband mit Beiträgen verschiedener Autoren; aufgeteilt in die Kapitel „Genre and Subversion", „Ideology and Power", „The Body/Borders/Territories", „Irony/Satire", „Narrative and Discursive Strategies".

STEIN, KAREN F.: *Margaret Atwood Revisited.* (Twayne's World Authors Series, 887) Twayne Publishers: New York 1999.

Analyse der wichtigsten Werke sowie Hintergrundinformationen.

Anmerkungen

1 Margaret Atwood, zitiert nach Cooke, S. 277
2 Katharine Viner, „Double Bluff", *The Guardian*, 16. 9. 2000
3 http://www.kirjasto.sci.fi/atwood.htm
4 Stein, S. 1
5 Ihr Bruder Harold wurde 1937 geboren, ihre Schwester Ruth 1951.
6 Margaret Atwood, „Writing Philosophy". *Waterstone's Poetry Lecture.* Delivered at Hay on Wye, Wales, June 1995
7 Ebd.
8 P.E.N. ist die 1921 in London gegründete internationale Schriftstellervereinigung, der weltweit mehr als 140 nationale P.E.N.-Clubs angehören. Die drei Buchstaben stehen für die englischen Begriffe *poets* (Dichter), *essayists* (Essayisten) und *novelists* (Romanautoren). P.E.N. tritt für Völkerverständigung ein, unterstützt Gedanken- und Meinungsfreiheit und hilft Schriftstellern, die in ihren Staaten unterdrückt werden.
9 Margaret Atwood, zitiert nach Stein, S. 5
10 Margaret Atwood, zitiert nach Stein, S. 103
11 Margaret Atwood in ihrer Einführung zu *The Penelopiad.*
12 Dieser fehlerhafte lateinische Satz bedeutet in der englischen Übersetzung: "Don't let the bastards grind you down." (dt. etwa: „Lass dich von den Schweinen nicht unterkriegen.")
13 *Prayvaganza*: Dieses Wort setzt sich zusammen aus „pray" und dem zweiten Teil von „extravaganza", womit eine große, teure und beeindruckende Unterhaltungsshow beschrieben wird. Atwood entlarvt durch diese Wortschöpfung den vordergründig religiösen Charakter der Veranstaltung als ein bloßes Showelement.

14 Vgl. dazu auch Amin Malak, „Margaret Atwood's *The Handmaid's Tale* and the Dystopian Tradition.“ *Canadian Literature* 112 (1987), S. 9–16
15 Auch in dieser Hinsicht fällt der Anhang aus dem Rahmen, da hier die Erzählperspektive von Offred auf Professor Pieixoto übergeht.
16 Selbst dieser chronologische Ablauf wird an manchen Stellen unterbrochen. So erfährt der Leser beispielsweise erst aus der Rückschau über das erste Treffen zwischen Offred und dem Commander. (S. 146–150)
17 Dies ist auch die Passage, die der *Commander* aus der Bibel vorliest. (S. 101)
18 Diese Begrüßung sprach Elisabeth, als die schwangere Maria sie besuchte (Lukas 1, 42: “Blessed art thou amongst women, and blessed is the fruit of thy womb.”). Sie ist zudem Bestandteil des Ave Maria.
19 In der Bergpredigt ermahnt Jesus die Menschen, sich nicht wegen falscher Dinge Sorgen zu machen. Die Lilien auf dem Feld arbeiten nicht, weisen dennoch eine beeindruckende Pracht auf (Matthäus 6, 28–29: “And why take ye thought for raiment? Consider the lilies of the field, how they grow; they toil not, neither do they spin: And yet I say unto You, That even Solomon in all his glory was not arrayed like one of these.”).
20 Mit „Milk and Honey“ ist das gelobte Land gemeint, in das Moses die Israeliten führte (Exodus, 4,8: „a land flowing with milk and honey“).
21 Dieses Zitat stammt aus Jesaja, 40,6: “All flesh is grass.”
22 Der Name „Loaves and Fishes“ verweist auf das Wunder der Brotvermehrung, bei dem Jesus mit einigen Broten und Fischen mehrere Tausend Menschen speiste (Markus 7, 41–42: “And when he had taken the five loaves and the two fishes, he looked up to heaven, and blessed, and brake the

loaves, and gave them to his disciples to set before them; and the two fishes divided he among them all. And they did all eat, and were filled." Vgl. auch Matthäus 14, 13–21 und 15, 32–39; Lukas 9, 10–17; Johannes 6, 1–15).

23 Der Begriff *whirlwind* geht auf Hosea zurück: "For they have sown the wind, and they shall reap the whirlwind." (Hosea 6,7). *Chariot* ist das englische Wort für die Streitwagen der Ägypter, mit denen sie die Israeliten verfolgten, bis sie schließlich im Meer umkamen. (Exodus 14,7: "And he took six hundred chosen chariots, and all the chariots of Egypt."). *Behemoth* bezeichnet zum einen im Alten Testament das Nilpferd (Job 40,15: "Behold now behemoth, which I made with thee."), zum anderen bezieht es sich in apokalyptischen Büchern auf ein mythisches Tier der Endzeit (4 Edras 6, 47-52; 1 Enoch 60, 7–8).

24 Vgl. Chronik 16,9: "For the eyes of the Lord run to and fro throughout the whole earth, to shew himself strong in behalf of them whose heart is perfect toward him." Sprichwörter 15,3: "The eyes of the Lord are in every place, beholding the evil and the good."

25 *Televangelism*: Dieses Wort setzt sich zusammen aus *television* und *evangelism*. Der Begriff beschreibt das Phänomen der in den USA weit verbreiteten religiösen TV-Shows. Die Prediger, die in diesen Sendungen auftreten, verfolgen handfeste wirtschaftliche Interessen.

26 *Martha*: Dieser Name leitet sich ebenfalls aus der Bibel ab. Im Lukas-Evangelium wird vom Besuch Jesu bei den Schwestern Martha und Maria berichtet. Während letztere Jesu zu Füßen sitzt und ihm zuhört, sorgt Martha für das leibliche Wohl ihres Gastes und beschwert sich bei ihm über Marias Untätigkeit.

27 *Econowives*: Auch hier wird durch die Wortschöpfung die spezifische Funktion dieser Frauen zum Ausdruck gebracht.

Neben ihrer Rolle als Ehefrauen (*wives*) wird der Aspekt der Sparsamkeit (*economy*) betont. Dies ist zugleich ein Hinweis auf die kargen Lebensbedingungen, denn nur mit äußerster Sparsamkeit können die *Econowives* ihre Familien am Leben erhalten.

28 Walter Pache, „Margret Atwood: *The Handmaid's Tale.*" in: Wilhelm G. Busse (Hrsg.), *Anglistentag 1991 Düsseldorf. Proceedings.* Niemeyer: Tübingen 1992, S. 386–400, Zitat S. 396

29 Er wurde von Noah verflucht, weil er diesen nackt in einem Zelt gefunden hatte, seinen Rausch ausschlafend. Seine Brüder Sem und Jafet bedeckten die Blöße des Vaters (Genesis 9, 21–27). Dieser Fluch Noahs wurde jahrhundertelang zur Legitimierung der Unterdrückung von Schwarzen angeführt, vor allem auch während der Sklaverei in Amerika.

30 Vgl. dazu auch Amin Malak (Anm. 14); Larry W. Caldwell, „Wells, Orwell, and Atwood. (EPI)Logic and Eu/Utopia." *Extrapolation* 33 (1992), H. 4, S. 333–345; Louis Feuer, „The Calculus of Love and Nightmare. *The Handmaid's Tale* and the Dystopian Tradition." *Critique* 38 (1997), H. 2, S. 83–95; Earl Ingersoll, „Margaret Atwood's *The Handmaid's Tale.* Echoes of Orwell." *Journal of the Fantastic in the Arts* 5 (1993), H. 4, S. 64–72

31 Vgl. auch Offreds Aussage über den *Commander*: "He says this as if he believes it, but he says many things that way. Maybe he believes it, maybe he doesn't, or maybe he does both at the same time." (S. 249)

32 Zitiert nach Geoff Hancock, „Tightrope-Walking Over Niagara Falls." In: Earl Ingersoll (Hrsg.), *Margaret Atwood. Conversations.* Princeton, NJ 1990, S. 191–220, hier S. 217

(Bitte blättern Sie um)